JN411022

# 청 春 문 답

현자의 숲

청春문답

1판 1쇄 2014년 9월 1일
지은이 김승룡 박기현 박성현 이혜미 이수연 오아림

펴낸이 이임광
펴낸곳 현자의숲
전화 031)957-8276
팩스 031)957-0602
등록 2011년 7월 20일 제 313-2011-204호
주소 경기도 파주시 조리읍 능안로 150 오픽스 107호
E-mail goodbook2011@naver.com

ISBN 978-89-97758-94-4 (03810)

## 일 러 두 기

· 이 책은 청춘이 묻고 청춘이 답하는 방식으로 구성했습니다. 묻고 답한 내용은 모두 현재 대학에 재학 중인 청춘들의 것입니다.

· 이 책은 청춘들이 내놓은 고민에 대해 한시 읽기를 경유하며 대답을 구하는 방식으로 구성했습니다. 우리는 이를 '한시테라피'로 이름 붙이고, 한시가 세상과 공감하고 소통하는 또 하나의 길을 모색했습니다.

· 한시의 제목은 원전 그대로 옮기지 않고 주제와 연결될 수 있도록 새롭게 붙였습니다.

· 시의 번역은 직역을 위주로 하되, 아름다운 우리말이 되도록 다듬었습니다.

· 아울러 읽는 이들을 위해 시의 출전, 작자, 주석을 간명하게 제시했습니다.

# 한시로 쏘아올린 작은 희망

많은 청춘이 내 앞을 스쳐갔습니다. 그들이 무심히 지나칠 때면 왠지 마음이 아려왔습니다. 처음엔 그것을 서운함으로 읽었지요. 나를 알아주지 않는다고 여겼던 것입니다. 그러다가 문득 관성에 찬 나를 보게 되었습니다. 나는 언젠가부터 같은 농담을 반복하고 같은 지식을 되풀이 강의하고 있었습니다. 청춘들이야 늘 바뀌니 같은 이야기를 해도 괜찮으리라는 얄팍한 계산이 그런 망동을 가능하게 했던 것이지요. 세상이 흐려지면 역사 속의 사람을 보라고 했던가요? 마찬가지로 교육이 성직(聖職)이라는 본분을 망각할 때면 강의를 듣는 이들의 눈을 보라는 말도 가능할 듯싶습니다. 이후로 강의실에 들어서면 청춘들의 눈과 맞춤을 합니다. 자, 레디, 셋, 고!

이 책은 우연히 시작되었습니다. 나는 한시를 강의합니다. 주로 한자의 뜻과 전고(典故)를 밝히는 방식으로 강의를 했습니다. 옛이야기가 흥미롭게 전해지는 시간들이었습니다. 처음 낯선 지식에 반짝이던 눈들은 시간이 흐를수록 뜻밖에도 초점을 잃어갔습니다. 교재를 바꿔보고 강의 방식에 변화를 주었지만 오히려 강의는 지루해졌지요. 문제가 무엇일까? 혹여 의무로 수강할 수밖에 없는 상황이 그런 것일까? 아니, 자원하여 듣는 사람까지 힘겨워하는 것은 다른 이유가 있을 터였습니다. 그랬습니다! 자기 삶과 동이 닿는 현실성이 부족했던 것이지요. 그렇잖아도 한문학이란 학문의 효용성 자체가 의심받고 있는 처지에서, 더러 전공과 무관한 방향으로 사회 진출을 준비하며 한문고전을 자신의 지적 자산으로 여기지 않기도 하는 청춘들에게 한시를 다루는 이 강의는 마치 통과의례 같이 여겨졌던 것입니다. 결국 그 어떤 감흥도 생산하지 못하는 불임(不姙)의 강의였던 것이지요.

나도 청춘들도 지쳐갈 즈음, 우리는 모험을 감행하기로 했습니다. 지금까지 해보지 않은 일을 해보기로 한 것입니다. 우리는 한시 속의 키워드를 중심으로 이야기하는 '마음읽기' 코너를 만들고, 시를 매개로 지은이의 마음과 읽는 이의 마음을 하나로 크로스하며 상상하고 공감하는 글쓰기를 시도했습니다. 기본적인 주해에 마음읽기를 포함하면 하루에 읽을 수 있는 시는 두세 수를 넘지 않았습니다. 비록 많은 시를 읽을 수는 없었지만, 이 과정은 시를 읽는 이들의 삶과 한시의 정감을 일치시키는 중요한 의식(儀式)이었지요. 이를 통해 우리는 청춘이 갖고 있는 상처를 치유하고자 했고, 여기에 '한시공감(漢詩共感)' 혹은 '한시-therapy'로 이름 붙였습니다. 서로의 마음을 열고 시를 고르며 위로의 글쓰기를 한 뒤 다시 피드백하는 과정은 어느 것 하나 쉽지 않았습니다. 이후 우리는 이를 한데 엮어보기로 했습니다. 무엇보다 나의 삶을 정시(正視)하기 위해, 그리고 내가 공부하는 학문을 통해 서로 소통하기 위해, 나아가 그것이 세상 다른 누군가의 마음도 위로할 수도 있으리라는 기대에서였습니다. 사실 이 작업은 다소 위태로운 일이었습니다. 그러나 이를 감행한 이유는 오직 하나였습니다.

'희망!'

이것이 책이 만들어진 유일한 이유입니다. 이 책의 저자들은 모두 학부생들입니다. 미안하지만 참을 수 없을 정도로 존재감이 없는, 지극히 평범한 청춘들이지요. 언제부턴가 이들은 자신의 스토리를 잃어버렸습니다. 사실 그들이 지금 말하는 미래도 자신들의 것은 아니지요. 타고날 때 지녔던 비상(飛翔)에의 욕망조차 잃어버린 도도새들은 그저 자본이 안겨준 위기에 수동적으로 반응하면서 이른바 안정된 장소만을 꿈꾸고 있었습니다. 이렇게 '하고 싶은 일'이 아니라 '할 수밖에 없는 일'을 꿈이라고 말하던 이들이 드디어 용기를 내기 시작했습니다. 자신들의 마음자리에 갈무리했던 상처를 끄집어내고, 그 상처를 직시하며 위로하기 시작한 것이지요. 나는 여기서 희망을 봅니다.

나의 큰딸 역시 대학생입니다. 간혹 나와 부딪히는 지점을 생각해보면, 역시 아이의 생각을 내가 지배하려는 데에 원인이 있었습니다. 내가 아이의 모든 것을 다 알 수 있고, 적어도 대학에서는 그렇다고 믿었습니다. 그러나 그것은 착각이었습니다. 그것도 엄청난 망상이었지요. 무엇보다 아이를 독립된 인격체로 보지 않았던 것이 잘못이었습니다. 강의실에서도 마찬가지였습니다. 내가 가르치는 청춘들을 훈도(訓導)할 대상으로만 여겼던 것이지요. 그러니 그들의 말과 느낌과 눈빛의 의미를 헤아리기에 앞서, 멋대로 판단하고 권위 섞인 훈계를 내리는 데 인색하지 않았던 것이지요. 나는 그들에게 말하고 생각하고 행위할 수 있는 기회를 줄 의무가 있습니다. 그들과 스승으로 만났기 때문입니다.

희망은 멀리서 오지 않습니다. 바로 나를, 내 주위를 소중하게 받아안는 데서 시작됩니다. 이 책은 그 시작점에 서 있습니다. 사실 시는 대단히 매력적인 장르입니다. 보이지 않는 감정을 어렴풋하게 보여주고서 나머지는 독자의 상상으로 채우라고 강요합니다. 그래서 정치적이기도 하고 신비롭기도 하며 모호하기 짝이 없습니다. 그런 불확실함이 못내 아쉽기도 하지만, 따지고 보면 세상사 무엇 하나, 사람 마음 어느 것인들 분명하고 확실한 것이 있던가요? 항용 시를 어렵다고 말하는 것도 이런 불확실성이 주는 모호함을 불편해하기 때문입니다. 그래서 역설적으로 시는 인간적입니다. 인간의 마음을 이보다 더 정직하게 표현하는 장르는 없기 때문이지요. 특히 한시는 글자(한자) 하나하나가 함축적일 뿐 아니라, 그 글자들이 놓이는 배열과 조직에 따라 다양한 상상을 자극하기에 더욱 인간적이라고 생각합니다.

이 책의 저자들은 힘겹지만 거기에 도전했습니다. 친구들의 고민을 경청(敬聽)하고, 이를 위로해줄 한시를 고른 뒤 다정하면서도 냉정하게 진심어린 충정으로 위로하고자 했습니다. 물론 위로는 궁극적인 대안이 아닙니다. 허나 위로받아 가라앉은 마음이 전진할 여유를 회복하여 행복을 찾아낼 수 있습니다다면, 이는 '신(神)의 한 수'가 될 수 있습니다. 저자들은 이 가능성을 놓치지 않았습니다. 그래서 이 책을 처음 읽으면 밋밋해 보이지만, 다시 읽으면 행간에 놓인 아름다운 우정을 볼 수 있습니다. 혈연도 지연도 학연도 넘어선 아름다운 정신인 우정, 이 마음이 꽃피우는 세상을 확인할 수 있습니다. 이 글들은 봄가을을 네 차례 맞는 동안 천천히, 그러나 간단없이 지어졌습니다. 나는 저자들이 쓴 글에 되도록 관여하지 않았습니다. 혹여 청춘들의 자정(自整)에 개입할까봐 지극히 조심했지요. 그들의 자생력을 믿고, 또 그러기를 기대했습니다. 과연 얼마나 목표에 도달했는지는 확언할 수 없습니다. 그러나 분명한 것은 이제 희망은 쏘아졌다는 점입니다.

끝으로, 이 책을 흔쾌히 내준 현자의숲에 진심으로 감사드립니다. 출판계의 불황은 겪어보지 않은 분들은 상상할 수 없을 정도입니다. 터널을 지날 수 있는 것은 끝이 있다는 확신에서입니다. 그런데 최근 출판계는 끝이 보이지 않는 어둠을 지나고 있지요. 게다가 종이책의 신세는 더욱 가련합니다. 그런데도 우리의 마음을 알아준 현자의숲은 그 이름만큼이나 아름다웠습니다. 살면서 나의 마음을 받아주는 사람 하나라도 있다면 살만하다고 말합니다. 그런 점에서 이 책의 저자들은 살만한 세상에 살고 있다고 믿습니다. 특히 청춘들에게 희망의 빛을 열어준 데에 무한한 고마움을 표합니다. 고맙습니다. 아울러, 비록 저자로 이름을 올리진 못했지만 이 책의 기획을 두고 함께 고민해주었던 수많은 청춘들에게도 고마운 마음을 보냅니다. 한 사람씩 이름을 불러주며 고마움을 전하지 못해 미안합니다. 그들의 공감이 있었기에 이 책은 가능했습니다. 그러고 보니 이 책은 한시를 통해 수많은 마음이 모이고 상처를 위로하며 희망을 일구었습니다. 모두 고맙습니다.

2014년 여름,
안개비에 젖은 금정산을 바라보며
김승룡 적습니다.

## 마 음 을 모 아 준 사 람 들

권기현 권민 김은빈 배정환 우광택 윤도경 이강석 이주혁 이혜지 진효빈 차민경 최유진 김성미 현길원 강신봉 김근우 곽민경 박제준 박태원 윤도경 이보림 정은선 하선용 하성현 권수영 김나현 사미선 성은욱 안유진 우민경 윤선주 이창희 임미숙 정진욱 한창민 고은광 김영은 박세림 오리경 장예슬 최태준

한시로 쏘아올린 작은 희망

# 그토록 아름다운 이름, 사랑과 연애

장거리연애 중인 우리, 이대로 멀어질까 겁이 나요
설렘이 있어 행복한 기다림

헤어진 지 한 달, 그녀의 결혼소식을 들었다
기억을 선물해준 넌 이미 고마운 사람

상실의 아픔 때문에 마음의 문이 열리지 않을 때
새로운 사랑이 다시 올 거예요

나는 왜 남자친구가 없을까 하는 생각에 기운이 빠질 때
꽃피울 계절을 놓치지 마세요

고백 한 번 못한 채 헤어진 첫사랑에 마음이 아려올 때
첫사랑은 이루어지지 않아야 제 맛

이별을 아프지 않게 잘하고 싶은데, 방법이 없을까?
이별에 대처하는 우리의 자세

짝사랑에 애태우는 내 모습이 안타까울 때
모든 사랑의 시작은 짝사랑입니다

익숙함 뒤에 오는 권태에 대하여
다시 성실히 사랑해봐요

조금의 여유도 없는 내 생활, 사랑은 사치가 아닐까?
연애는 인생 최고의 스펙

# 눈물 나는 사람들,
# 관계와 소통

모정을 느끼지 못했던 어린 시절, 그리고 지금의 외로움
"아프다!" 소리 내어 말해 보세요

아버지! 그 이름만으로 힘이 되는
자식은 아픈 부모의 의사다

사춘기 동생의 짜증, 언제까지 참아야 하나?
마음 속 성난 물소 놓아주기

늙어가는 아버지의 주름이 문득 눈에 들어올 때
더 늦기 전에 사랑하다고 말해 보세요

사람에 대한 미움이 깊어져갈 때
사람, 평가가 아닌 이해의 대상

갈등하는 친구들 사이에서 나는 어떻게 처신할까
마음과 마음을 잇는 우정의 다리

속으론 싫으면서 겉으론 좋은 척 연기하는 것이 보일 때
언젠가 진심은 통하니까요

어디선가 들려온 뒷담화로 인해 배신감을 느꼈을 때
내리는 비에 잠시 어깨가 젖을 뿐

알 수 없는 이유로 갑자기 친구로부터 외면을 당했을 때
다시 누군가에게 손 내밀 수 있도록

내 어려운 처지를 몰라주는 친구가 야속할 때
우정을 지키는 방법

가슴에 친구를 묻고서 아무렇지도 않게 밥을 먹는 나를 보면서
그의 몫까지 한 발 더 내딛어

오랫동안 연락이 끊겼던 친구가 문득 생각날 때
우리는 생각보다 가까운 곳에 있습니다

내 마음이 상대방에게 제대로 전달되지 않을 때
쉽게 달궈지지도 식지도 않는 뚝배기처럼

# 방황하는 스무 살, 성찰과 자아

현실과 타협하는 자신이 미워질 때
세상과 끊임없는 밀당을 하라

학생과 군인, 두 가지 신분 사이에서 갈등할 때
멀티플레이가 가능한 당신, 능력자!

지금 하고 있는 모든 일에 갑자기 회의가 밀려올 때
우리는 누구나 활짝 필 꽃봉오리지요

점점 작아져가는 내 꿈을 보면서
희망의 항아리에 사람을 채우세요

나만의 개성을 잃어간다는 느낌을 받았을 때
내가 나여야 하는 이유

내가 하고 싶은 일이 무엇일까 여전히 고민일 때
시계를 멈추고 나침반을 보세요

다들 자기 꿈을 찾아가는데 나만 뒤쳐져 있다는 생각이 들 때
자신만의 속도로 달리세요

글로 나를 표현하고 싶은데 마음대로 안 될 때
진심이 있는 글은 통합니다

몸은 젊은데 마음은 무덤덤해지네
언제든 타오를 불씨를 지닌 사람, 그대여라

설레는 마음을 되찾고 싶다
새로움을 위한 긍정적 게으름

세상에 홀로 남겨진 듯한 고독감이 밀려올 때
고독, 자신과 친해지는 축복의 시간

내가 원하는 것을 얻기 위해 꼭 다른 사람과 경쟁해야 하는가?
경쟁은 싸움이 아니라 함께하기

# 세상을 향해,
# 좌절과 성장

학년이 오를수록 앞날이 더욱 불안해질 때
삶은 로또가 아니잖아요

지금 하는 공부가 취업과 연관 있는지 고민될 때
먼 옛날, 지독한 공부벌레처럼

죽을 만큼 공부했는데도 성적이 나오지 않을 때
처음 먹은 마음으로 끝맺기를

대학생으로서의 생활도 막바지다. 지금 나는 어떤 모습일까?
출발선은 누구에게나 평등합니다

취업 실패로 여러 번 좌절의 아픔을 겪었을 때
작은 종이 안에 자신을 가두지 마세요

대학을 졸업하고도 아직 취직 못한 선배나 동학을 보았을 때
나무가 기다려 악기가 되듯이

불확실한 삶이 두려워질 때
내가 주인공인 멋진 시나리오

누가 휴학을 권하는가?
소신 있는 주행과 정지

그저 열심히 하면 되는 줄 알았는데
당신만의 지도를 만들어보세요

그토록 아름다운 이름,
사랑과 연애

# 장거리연애 중인 우리 이대로 멀어질까 겁이 나요

우리는 캠퍼스커플로 그녀와의 만남은 어느덧 5년째가 되어 간다. 처음엔 학교 기숙사에서 지냈기에 매일같이 만났지만, 직장을 찾아 멀리 떠난 그녀와 이제 고작해야 한 달에 한두 번밖에 보지 못한다. 그나마 가끔 만날 때도 그녀는 직장 때문에 힘들어하는 모습뿐이었다. 사는 곳도 서로 멀어진데다 학생인 나로서는 그녀의 직장생활을 전부 이해하기는 힘들었다. 그녀의 투정을 받아주다가도 화가 날 때가 종종 있었고, 그녀 역시 장거리 연애가 힘겨워 보였다. 그러다 보니 점점 다투는 날이 늘어가기만 한다. 함께 캠퍼스를 거닐 때만 해도 이런 걱정이 있으리라곤 생각지도 못했는데…. 이대로 서로가 멀어질까 겁이 난다.

약속해놓고 오기는 어이 더디신가
뜨락의 매화가 시들어지려는데.
어데선가 들려오는 나무 끝 까치 소리에
헛걸망정 거울 속의 눈썹을 그려요. _여인의 마음(閨情, 이옥봉)

有約來何晩 庭梅欲謝時
忽聞枝上鵲 虛畵鏡中眉

【출전】 허균(許筠), 《성소부부고(惺所覆瓿藁)》 권26, 〈학산초담(鶴山樵談)〉 【작자】 이옥봉(李玉峰): ?~?. 조선 중기 옥천(沃川)군수를 지낸 이봉(李逢)의 서녀로, 조원(趙瑗)의 소실. 저서로 《옥봉집(玉峰集)》(《가림세고(嘉林世稿)》 부록)이 있다. 【주석】 欲謝時(욕사시): '謝'는 시들다. 매화가 시들려고 하니 봄이 시작되었다. ○忽聞(홀문): '忽'은 갑자기, 문득, 생각도 못했는데. 기대하지 않은 상황에서 들려오는 소리가 나를 놀라게 하다. ○虛(허): 헛걸망정. 설령 기다리던 임이 아닌 줄 알지만, 그래도 문을 나서고 화장을 하는 심정이 배어있는 시안(詩眼)이다.

# 설렘이 있어 행복한 기다림

사랑하는 이를 자주 보지 못하는 마음, 얼마나 속상할까요? 그 간절한 마음이 너무도 예쁘네요. 사랑에도 유통기한이 있다고들 하지요. 대략 2년이 지나면 남녀 사이에 두근거림이나 설렘이 많이 사라진다고 합니다. 사랑의 유통기한을 넘기고 오랜 기간 연애를 해 온 두 사람이 대단하네요. 두 사람 사이에 많은 추억도, 위기도 있었을 테죠. 그 모든 일을 함께 겪으며 서로에 대한 마음이 견고해졌으리라 생각했는데, 웬 걸. 이번에야 말로 정말 강적이 나타난 셈이군요.

연애란 참 복잡하고 어려운 것 같습니다. 매순간 닥쳐오는 사랑의 위기에 다투기도, 관계가 더 좋아지기도, 심지어 헤어지기도 하지요. 서로 좋아하는 감정은 진심일지라도 서로를 진정으로 이해하고 감싸주는 데는 오랜 시간이 필요한 법이니까요. 그동안 여자친구와 관계를 충실히 쌓아왔기에 지금의 상황이 더욱 당혹스러울 수 있습니다. 전처럼 그녀를 위한다고 위해봤지만 아무 소용없는데다 싸움만 느니 당신도 참 답답하고 서운할 거예요. 눈에서 멀어지면 마음에서도 멀어진다는 말이 있죠. 그 말을 받아들이기엔 억울한 면이 있을 겁니다. 좋아하는 마음이 변한 게 아니라 전달과정이 좀 길고 복잡해진 것뿐이니까요.

그녀도 당혹스러워하고 있을 겁니다. 전과 다를 바 없이 서로를 좋아하고 생각하는데 왜 싸우는 거지? 남자친구는 변한 것 없어 보이는데 왜 나는 늘 서운한 거지? 사실 문제는 예전과 다름없다는 것에 있습니다. 당신과 그녀는 새로운 상황에 놓여 있죠. 장거리연애라는 긴 트랙을 앞에 두고 출발점에 서 있는 것과 마찬가지인 겁니다. 오래 달리기를 할 때 100미터 달리기를 하듯 초반부터 속도를 내면 분명 실패하겠지요. 지금 당신과 그녀는 서로 어긋난 속도를 먼저 맞춰야 할 때가 아닐까 해요. 원하면 늘 볼 수 있었던 예전처럼 대하면 그녀의 기대를 채울 수 없을 겁니다. 변화된 상황에 맞는 새로운 마음자세가 필요합니다.

〈여인의 마음〉을 보면 기다림의 시간을 달관하며 자신을 더 가꾸고 있는 여인의 모습이 나옵니다. 그 시간이 헛것이 될지언정 말이죠. 기다림을 오히려 즐겁게 여기며 순간의 설렘을 즐기는 재치가 보이지 않나요. 자신을 더 가꾸면서 상대를 만나는 순간을 기다리는 것이지요. 저도 장거리연애를 해본 적이 있습니다. 2주에 한 번 그녀를 만나러 서울행 버스에 오르는 그 순간의 설렘과 즐거움만으로도 2주 정도는 거뜬히 버틸 수 있었습니다. 지금 생각해보면 그때 저를 행복하게 했던 건 만남보다 기다림이 아니었나 싶습니다. 《어린왕자》에 나오는 사막여우도 말합니다.

"네가 오후 네 시에 온다면 난 세 시부터 행복해지기 시작할 거야. 시간이 흐를수록 난 점점 더 행복해지겠지. 네 시에는 흥분해서 안절부절 못할 거야. 그렇게 행복이 얼마나 값진 것인가 알게 되겠지!"

# 헤어진 지 한 달, 그녀의 결혼 소식을 들었다

그녀와의 이별을 완전히 받아들이기도 전에 충격적인 소식이 들려왔다. 다음 달에 결혼을 하다니. 나는 내가 할 수 있는 모든 방법으로 그녀를 사랑했다. 그녀를 만나기 위해 먼 길을 마다하지 않았고, 일부러 일자리를 구해 곁에 있기도 했다. 그녀와 가까이 있다는 사실 하나로 세상은 환하게 빛났다. 그녀는 내게 그런 존재였고, 그녀를 향한 나의 마음은 그만큼 간절했다. 그러던 어느 날 그녀는 내게 헤어지자고 했고 나는 어떻게 하면 그녀의 마음을 돌릴 수 있을까만 생각했다. 한 달쯤 지났을까. 지인을 통해 전해들은 그녀의 결혼 소식에 눈앞이 문득 흐려졌다. 아직 내겐 그녀와 함께 걸었던 길, 함께 나누었던 이야기, 함께 들었던 음악이 생생하기만 한데, 내가 과연 그녀를 보낼 수 있을까.

달빛 아래 뜨락의 오동은 헐벗었고
서리 맞아 들판의 국화는 누래졌네.
누각은 높아 하늘에서 한 자 아래요
사람이 취하거니 술 천 잔 들이켰네.
강물은 금 소리와 어우러져 차가운데
매화꽃은 피리소리에 들어 향기롭기만.
날 밝아 당신과 헤어지고 나면
그리움은 푸른 물결과 함께 길어지리. _그리움은 물결처럼(奉別蘇陽谷, 황진이)

月下庭梧盡 霜中野菊黃
樓高天一尺 人醉酒千觴
流水和琴冷 梅花入笛香
明朝相別後 情與碧波長

【출전】 임방(任埅), 《수촌만록(水村謾錄)》 52화 【작자】 황진이(黃眞伊): ?~? 조선시대의 시인 겸 명기(名妓). 시(詩), 서(書), 음률(音律)에 뛰어났으며, 출중한 용모로 더욱 유명했다. '동짓달 기나긴 밤을 한허리를 둘에 내어'는 그의 가장 대표적 시조다. 주요 작품으로 〈만

월대 회고〉, 〈박연폭포〉 등이 있다. 【주석】 蘇陽谷(소양곡): 소세양(蘇世讓, 1486~1562). '양곡(陽谷)'은 그의 호. 1509년(중종4) 문과 급제, 시호는 문정(文靖)으로 저서에 《양곡집》이 있다. ○庭梧盡(정오진): 뜨락에 서 있는 오동나무의 잎이 모두 떨어진 모습을 말한다. '盡'은 다양한 상황이 사라지거나 극진해진 경우를 뜻하는데, 여기서는 늦가을 낙엽이 떨어져 나무가 헐벗은 모습을 말한다. ○觴(상): 술잔을 세는 단위. ○流水~笛香(유수~적향): 금으로 〈유수곡(流水曲)〉을 타고, 피리로 〈매화곡梅花曲〉을 부르는 것을 표현한 것으로 여기서는 강물과 매화꽃으로 해석했다. ○情與碧波長(정여벽파장): '長'은 '크다'는 형용사로도 해석하지만 '자라다'는 동사로도 해석할 수 있다. 그리움은 그리워할수록 더 그리워지는 법입니다. 마치 강물이 흐를수록 더 많은 물을 품어서 계속 불어나는 것과 같다.

## 기억을 선물해준 넌 이미 고마운 사람

누구에게나 가슴 시린 사랑의 기억이 있겠지요. 저도 이별의 아픔을 겪은 적이 있습니다. 아프고 또 아팠지만 시간은 계속 흘러갔습니다. 그녀에 대한 기억은 시린 추억의 파편에서 아련한 그리움으로 변했고, 결코 잊혀지지 않을 것 같던 그녀도 점점 아득해지더군요. 뿌옇던 진흙탕물이 시간이 지나면 흙이 가라앉아 점차 맑아지는 것처럼 신기하게도 이제는 그녀와의 일들이 소중한 추억으로 가라앉은 것 같습니다. 괴로웠던 시간이 지나니 이제는 그녀를 생각해도 눈물이 나오지 않습니다.

제 기억 속 그녀는 서로를 사랑하던 그때의 모습으로 환하게 웃고 있고 추억을 떠올리는 제 얼굴에도 어렴풋이 미소가 번집니다. 단지 그 뿐입니다. 언제나 제 기억 속에는 그녀가 살아있습니다. 제가 원하면 추억 속에서 만날 수도 있지요. 어디에 있든, 무엇을 하든 진심으로 그녀가 건강하고 행복하기를 바랄 뿐입니다.

황진이는 아시다시피 기생이었습니다. 비록 천한 직업이지만 그녀에게도 사랑하는 사람이 있었습니다. 〈그리움은 물결처럼〉에서 그려진 풍경은 그와 함께했던 즐거운 기억이지요. 아침이 밝아오면 그녀는 이별하고 슬픔의 눈물은 강물 따라 흐를 겁니다. 하지만 그녀의 추억 속에는 아름다움만이 느껴질 뿐, 슬픔은 보이지 않습니다. 떠날 님과의 기억은 슬플지언정 그 아름다움까지 깨뜨리고 싶지는 않다는 것이겠죠.

목숨과도 바꿀 수 없을 만큼 지독히도 사랑했던 그녀가 결혼한다는 소식을 들었군요. 헤어진 지 얼마 되지 않아 마음을 추스를 겨를도 없는 상황에서 갑작스레 다가온 소식에 충격이 컸겠네요. 지금은 제가 무슨 말을 한다 해도 당신에게는 위로가 되지 않겠지요. 하지만 한 가지, 그녀와의 추억을 부정하지는 마세요. 지금은 배신감과 날카로운 추억의 파편들로 고통스러울지 모르지만 시간이 흘러 언젠가 점점 무뎌질 테니까요. 그녀를 생각하면 아름다웠던 추억으로 미소 짓게 될 날이 올 겁니다.

지금은 그녀를 놓아주어야 할 시간입니다. 당신이 지금 많이 아픈 것은 그녀가 당신에게 소중한 사람이었다는 증거입니다. 이렇게 아플 만큼 그녀를 진심으로 사랑했기에 당신은 참으로 멋진 사람입니다. 그녀를 위해 그녀의 행복을 빌어주는 것이 최선입니다. 지금 그녀를 떠올리면 가슴이 아프겠지만 푸른 물결이 끝없이 흘러가듯 그녀에 대한 기억도 흐르고 흘러 어느덧 당신 마음속 좋은 추억으로 남을 겁니다.

# 상실의 아픔 때문에 마음의 문이 열리지 않을 때

그와 헤어진 지 1년도 더 지났지만 지워지지가 않는다. 다들 시간이 약이라고 쉽게 말한다. 하지만 나에겐 해당되지 않는 일인 것만 같다. 아직도 지나간 사랑을 못 잊었다고 하면 하나같이 '설마…' 하는 반응뿐이다. 나도 바보 같다는 걸 알지만 어떻게 해야 할지 모르겠다. 새로운 사랑이 다가오면 예전 그와 비교만하게 된다. 용기를 내보려고 하다가도 결국 또 사람을 잃게 될까봐 겁이 난다. 요즘 내 곁에 다가오는 한 사람이 있다. 하지만 그가 이런 답답한 내 마음을 이해해 줄 수 있을까. 어리석고 미련한 모습에 질려하진 않을까. 온통 두려움뿐이다. 과거를 되풀이하느니 차라리 과거에 머물고 싶다.

봄비 가늘어 방울지지 않더니
밤 내내 희미하게 소리 내누나.
눈 녹아 남쪽 시냇물 불어나리니
풀싹은 얼마나 돋아났을꼬. _봄비(春, 정몽주)

春雨細不滴 夜中微有聲
雪盡南溪漲 草芽多少生

【출전】《포은집》 권2 【작자】 정몽주(鄭夢周): 1337(충숙왕 복위6)~1392(공양왕4). 자는 달가(達可), 호는 포은(圃隱), 본관은 영일(迎日), 시호는 문충(文忠)이다. 1360년(공민왕9) 문과 장원으로 예문관 검열, 예조정랑, 성균관 대사성 등을 지냈다. 이성계(李成桂)의 왕위 추대에 반대하다 선죽교에서 이방원(李芳遠)에 의해 살해당했다. 저서로 《포은집(圃隱集)》이 있다. 【주석】 細不滴(세부적): 물방울을 이루지 못할 정도로 가랑비가 내리는 것을 말한다. ○雪盡(설진): 눈이 녹아 물이 되는 것을 뜻한다. ○多少生(다소생): '多少'는 얼마나. 그러나 내심 '많이도'라는 뜻을 담고 있다.

# 새로운 사랑이 다시 올 거예요

철없던 시절 집을 나가 서울에 있는 아는 형네서 지낸 적이 있습니다. 신림동 좁은 옥탑방에서 남자 둘이 참으로 많은 얘기를 주고받았었지요. 이 형으로 말하자면 연애소설에나 나올 법한 수려하고 지적인 외모의 소유자로 지나간 사랑의 상처에 마음의 문을 닫고 새로운 사랑도 밀어내던 미련한 로맨티스트였지요. 형이 사랑했던 여자는 결혼해서 아이까지 있다는데 형은 그녀를 가슴속에 꼭 품고 하루하루를 살아가던 바보였습니다. 저 역시 순수했던 시절이라 형의 진심이 너무나도 간절하게 들려 그 여자와 잘됐으면 좋겠다고 생각하기도 했죠. 하지만 정확히 1년이 지난 뒤, 그에겐 아홉 살 연하의 귀여운 여자친구가 생겼습니다. 1년 전 그렇게 힘들어하던 형의 모습은 온데간데 없었습니다. 제가 오히려 배신감을 느낄 정도라면 말 다했죠. 그러면 그때 상처를 안고 살았던 형의 모습은 거짓이었을까요? 아니면 행복하게 웃고 있는 지금의 모습이 거짓일까요? 글쎄요, 저는 둘 다 진심이라고 생각합니다.

시간이 흘러 저 또한 실연의 고통을 겪게 되었습니다. 별 일 아니라는, 괜찮을 거라는 주변 사람들의 진심어린 충고는 들리지 않았습니다. 그렇게 힘들어하던 어느 날, 사랑 때문에 죽는 베르테르가 되고 싶었는지 죽을 각오로 혼자 술을 마셔대다가 결국 응급실 신세를 지고 말았지요. 그때 병상에 누워 나에게 질문해 보았습니다.

"이렇게 사는 게 과연 누구를 위한 걸까. 주위 사람들이 아무도 함께 아파해 주지 않는 것 같아 어린애처럼 투정을 부리는 건가. 아니면 내 소식을 듣고 잘못했다며 다시 만나자고 그 사람이 달려와 주길 바랐던 것일까. 그것도 아니면 친구들에게 '넌 정말 그 사람을 사랑했었구나' 하고 인정을 받고 싶어서?"

지난 사랑의 미련 때문에 소중한 인생을 헛되이 보내는 것도 모자라 몸까지 망치다니 나에게 너무나도 미안했습니다. 그때 결심했지요. 이젠 억지로라도 잊겠다고. 떠난 사람을 그리워하며 불행해 하기보단 언젠간 날 행복하게 할 새로운 빗방울이 떨어지길 기다리며 몸과 마음을 하늘을 향해 곧게 폈습니다. 그렇게 하루하루 살다보니 어느덧 좋은 사람이 제 손을 잡아주고 있었습니다.

누구에게나 상실의 아픔은 있습니다. 길고 긴 인생의 레이스에서 이별은 작은 점과 같은 것입니다. 실연의 아픔에 젖어 평생 혼자 살기에는 당신의 긴 삶이 너무나도 아깝습니다. 마음속 사랑니를 뽑아냈다고 생각해 보세요. 처음엔 정말 아프고 괴롭습니다. 하지만 시간이 지나면 혀가 닿지 않는 한 이를 뽑았다는 사실조차 잊고 살게 됩니다. 작은 치아 하나도 뽑은 뒤 시간이 지나야 제법 그 부재에 익숙해지는데 사람이 떠난 빈자리는 오죽할까요. 그 아픔을 피하거나 마비시킬 수는 없습니다. 그 과정을 온전히 겪어내고 나면 당신은 확실히 조금 더 나아질 겁니다. 당신의 인생도, 사랑도 말입니다.

〈봄비〉를 한번 보세요. 봄비는 소리도 없이 밤새 내립니다. 잠든 사이에 겨우내 쌓인 눈을 녹이고 새싹을 틔울 갈증을 해소합니다. 당신에게 쌓여있던 눈은 다가올 새싹을 위한 양분이었습니다. 눈보라치던 겨울이 지나면 결국에는 벚꽃이 흐드러지고 새싹이 돋아나는 봄이 옵니다. 그때까지는 조금 추울 테니 옷깃을 꽉 여며야 합니다. 당신의 마음을 치유하는 것은 언젠가 봄이 올 거라는 견고한 믿음일 겁니다. 그리고 그

믿음에 답하듯 봄비는 내려 싹을 틔우고 계절은 따뜻한 날을 선물하겠지요. 그러면 당신은 그 봄길을 걸으며 지난 겨울 세찬 바람과 눈보라를 추억처럼 이야기하고 있을 겁니다.

## 나는 왜 남자친구가 없을까 하는 생각에 기운이 빠질 때

요즘 들어 거울을 자주 보게 된다. 대학 가면 생긴다는 애인이 왜 나는 없지? 외모 때문이라고 하기엔 쟤들이 나보다 나은 것도 없어 보이는데. 메신저 프로필에 커플 사진을 올리는 친구들 때문에 배가 더 아파. 길을 가다 안 어울리는 커플을 보면 저럴 바엔 혼자인 게 낫겠다 싶지만 주말이면 나 혼자 방구석에 있는 게 처량하단 말이지. 이렇게 연애 한 번 못해보고 대학생활이 끝나는 건 아니겠지? 아. 외롭다!

하늘이 낳고 땅이 이루어주는데
어찌 사사로운 마음이 있으랴
크든 작든, 곱든 밉든,
빠뜨리지 않았다오.
매화가 일찍 피든, 살구가 늦게 피든,
그대 이상하게 생각하지 말지니
국화가 가을에 피고, 난초가 봄에 꽃피우는 건
저마다 때가 있는 것이라오. _저마다 때가 있네(偶題, 정포)

天地生成豈有私 不遺巨細與姸蚩
早梅遲杏君休怪 秋菊春蘭自有時

【출전】《설곡집》 권상 【작자】 정포(鄭誧): 1309(충선왕1)~1345(충목왕1). 1326년(충숙왕13) 진사과에 급제. 전리총랑으로 좌사의대부를 지냈다. 저서로 《설곡집(雪谷集)》이 있다.

【주석】偶題(우제): 특별히 주제를 의식하지 않고 지었다는 뜻. 우연히 눈에 들어온 사물을 보고 지은 작품이지만 그 안에 작가의 진심과 깨달음이 숨김없이 드러나는 경우가 많다. ○天地生成(천지생성): 하늘은 낳고 땅은 이루어준다.《주역》에 의하면 건(乾)은 씨를 뿌리고, 곤(坤)은 싹을 틔워 온전하게 만들어준다. 이를 합해 '생성'이란 말이 나왔다. ○君休怪(군휴괴): '休'는 그만두다, 말다, 금지하다는 뜻이다.

## 꽃피울 계절을 놓치지 마세요

우선 말해둘게요. 당신은 예쁩니다. '이미 남자친구가 있는 그 친구보다는 내가 훨씬 나은데?'라고 생각하죠? 맞아요. 당신이 더 예뻐요. 이런 당신이 왜 남자친구가 없는지는 나도 잘 모르겠으니까 이제 거울은 좀 집어넣을까요. 거울에 비친 모습이 문제가 아닌 것 같으니까요. 그렇다면 당신은 내게 '제 성격에 문제가 있단 말인가요?' 하며 버럭 화를 낼 수도 있겠지만, 당신은 내게 화내지 않았잖아요. 성격도 착하단 말예요. 이런 예쁘고 착한 당신에게 남자친구가 없는 이유는 대체 뭘까요?

사람에게는 저마다 기운이 있다는 얘길 해드릴게요. 사랑할 때는 이 기운이란 것이 더욱 중요한 역할을 해요. 당신, 연애를 하기에 충만한 기운, 요즘 말로 '오라'를 뿜고 있나요. 이 '연애 충만 기운'은 다시 말하면 '오픈마인드'라고 할 수도 있겠네요. 연애란 건 달콤한 상호작용 같은 거잖아요. 당신의 기운을 나눠주고 상대방의 기운을 받아들이는 거 말예요. 서로의 장점뿐 아니라 단점까지도 품어줄 수 있어야 하죠. 혹시 '연애하고 싶다'는 생각이 그저 '괜찮은 남자를 만나고 싶어'는 아닌지요. '이 사람은 이래서 안 돼, 저 사람은 저래서 안 돼.' 하면서 이성을 바라보는 시야를 너무 좁게 고정해 놓거나 높은 이상만을 꿈꾸고 있지 않나요? 요즘 이상하게 자주 말 걸어오는 누군가가 있죠? 그 사람이 상상 속의 이상형이 아닐지라도 일단 그에게 웃어주세요. 생각보다 훨씬 괜찮은 사람일 수도 있잖아요.

이제 갓 스무 살을 넘겼을 당신이 얼마만큼 아름다운 존재인가에 대해서는 더 이상 말할 필요는 없겠죠. 그러니 당신은 당신의 아름다움을 좀 더 이용할 필요가 있어요. 틈틈이 동아리나 친목회 같은 곳을 찾아가거나 봉사활동에도 참여해보면 좋겠죠. 막연히 '난 이런 타입이 좋아' 하며 환상을 품기보다 다양한 사람을 겪어보세요. 사람을 많이 접해보고 내게 맞는 사람은 어떤 타입인지 정확히 파악한다면 좋은 사람을 만나게 될 날은 생각보다 빨리 찾아올 겁니다. 소개팅이나 미팅 자리에서 당신의 매력이 더욱 빛을 발할 거예요. 더 많은 사람이 당신의 아름다움을 깨닫도록 노력하자는 거죠.

"안 생겨요"라는 유행어가 있죠. 대학 가도 남친, 여친이 안 생긴다는 슬프도록 현실적인 저주(?) 말이에요. 하지만 안 생길 순 있어도 오지 않을 수는 없어요. 당신을 꽃피울 계절은 반드시 옵니다. 당신을 '연애충만 기운'으로 가득 채우고 당신의 아름다움을 부지런히 널리 알리다 보면 기가 막힌 타이밍을 만나게 되어 있다니까요. 꽃봉오리에 마침 필요했던 한 방울의 봄비가 톡! 하고 닿을 거란 말이죠.

〈저마다 때가 있네〉는 꽤 오래전에 지어진 시인데도 오늘날 많은 사람이 공감할 내용을 담고 있습니다. 꽃놀이나 단풍놀이를 가보셨다면 훨씬 이 시를 잘 음미할 수 있을 거예요. 매화, 살구꽃, 국화, 난초 등은 모두 자신의 아름다움을 꽃피우기 위해 때를 기다립니다. 우리도 다르지 않아요. 준비가 되어 있다면 당신은 때를 절대 놓치지 않을 거예요.

당신은 매화, 살구꽃, 국화, 혹은 난초입니다. 당신은 안으로 영글고 영글어 언젠가 꽃피울 계절을 만납니다. 그리해 마침내 눈부시게 피어난 당신을 그 누가 몰라볼 수 있을까요. 그 계절이 너무 멀리 있는 것 같다구요? 아니에요. 계절을 앞당길 수 있는 것도 당신입니다. 스스로 채우고 누군가에게 그 마음을 나누어줄 수 있다면 더 좋은 만남이 찾아올 거예요. 이제, 머지않았네요.

## 고백 한 번 못한 채 헤어진 첫사랑에 마음이 아려올 때

고등학교 2학년 때 교회에서 그녀를 알게 되었다. 말이 잘 통했던 우리는 곧 가까워졌다. 함께 있는 것만으로도 더할 나위 없이 즐거웠다. 버스가 끊기는 줄도 모른 채 이야기하다 두 시간을 걸어서 집에 온 적도 많았다. 그 사이 얼떨결에 손도 한 번 잡아보고 포옹도 살짝 해봤다. 하지만 우리는 어디까지나 친구 이상 연인 이하의 관계였다. 고3이 되어 수능이라는 중요한 고비만 넘기면 고백하리라 마음먹었다. 그러나 뜻밖에도 나에게 방황의 시간이 찾아왔다. 학업을 게을리 했고, 교회도 잘 나가지 않았다. 가끔씩 만나던 그녀와도 알 수 없는 거리가 생겼다. 그렇게 한두 달 지나자 그녀가 보이지 않았다. 문자를 보내고 전화를 해보았지만 연락이 되지 않았다. 어느 덧 한 달이 지났고 늦은 저녁 그녀의 집을 찾아갔다. 이사를 가고 없었다. 그녀의 친구로부터 전주로 갔다는 소식을 전해 들었다. 수능도 망치고, 첫사랑도 잃었다는 생각에 더욱 괴로웠다.

언젠가 고찰을 놀던 일도 어언 십년이라
차디찬 방에 홀로 앉으니 생각만 많아라.
고향 산 봄빛은 온통 옛날과 같은데

고개 돌려 귀성을 바라보니 눈물 두 줄기 흐르놋다.

_전에 왔던 곳을 다시 왔건만 (再遊伽倻山, 김장생)

古寺曾遊已十秋 寒齋獨坐思悠悠
故山春色渾如舊 回首龜城雙涕流

【출전】《사계유고》 권5 【작자】 김장생(金長生): 1548(명종3)~1631(인조9). 자는 희원(希元). 호는 사계(沙溪). 본관은 광산(光山). 이이(李珥)에게 배웠고, 저서로 《사계유고(沙溪遺稿)》가 있다. 【주석】 伽倻山(가야산): 경북 성주와 경남 합천 사이에 있는 산. 해인사(海印寺)가 있다. 최치원(崔致遠)의 〈가야산의 독서당(伽倻山讀書堂)〉이란 시가 전한다. ○已十秋(이십추): '已'는 어느새, '秋'는 일 년이라는 뜻. 따라서 어느새 10년이 흘렀다는 뜻이다. ○寒齋(한재): 차가운 서재 혹은 방. '寒'은 외로이 홀로 지낸다는 뜻이다. ○悠悠(유유): 시름이 끊이지 않고 이어지는 모양. ○渾(혼): 온통, 모두. ○龜城(귀성): 조부 김호(金鎬)가 부임했던 지례(知禮)를 말한다. 그의 나이 14세에 조부의 임지를 따라갔던 적이 있다. ○雙涕流(쌍체류): 두 눈에서 눈물을 흘리는 모습.

## 첫사랑은 이루어지지 않아야 제 맛

당신의 고백을 들었으니 제 첫사랑 얘기도 한 번 들려드릴까 합니다. 당시 열세 살이었던 저는 학구열 높은 아버지 덕에 언니가 다니던 대학의 컴퓨터강좌를 들었는데 그곳에서 어린 저의 첫사랑이 시작되었습니다. 그 수업의 강사님을 남몰래 좋아하기 시작한 거죠. 조금 긴 머리에 하얗고 가는 손가락이 인상적인 잘생긴 선생님이었습니다. 선생님께 잘 보이려고 수업도 열심히 들었지만, 열세 살짜리 여자아이의 짝사랑은 절대 이루어질 수 없는 것이었죠. 강좌가 끝나고 그 선생님과도 더 이상 만날 수 없게 되자 제 짝사랑도 끝이 났죠. 너무 싱겁죠? 하지만 아직까지 선생님 얼굴이 또렷하게 기억납니다. 첫사랑의 강렬함이란 몇 년이 지나도 쉽게 지워지지 않는 것 같아요.

누구나 첫사랑을 경험합니다. 이성에 대한 사랑을 처음 느끼는 것. 얼마나 생경한지 차가운 눈이 맨 살에 닿은 느낌이 그러할까요. 가장 처음 들어왔던 정보가 가장 기억에 오래 남는다고 합니다. 심리학에서는 '초두 효과(Primacy effect)'라고 하죠. 첫사랑은 사랑이란 감정을 그야말로 처음 느끼는 경험이잖아요. 더구나 다른 감정도 아니고 사랑인데! 얼마나 강렬할지는 설명할 필요가 없겠죠. 첫사랑을 잊어버린 사람은 없습니다. 처음이니까 그토록 오래 기억에 남고 그토록 마음이 아픈 거겠죠.

대부분의 첫사랑은 제대로 매듭지어지지 않은 채 기억 어딘가에서 표류합니다. 둥둥 떠다니다가 마음 한 구석에 콕! 하고 박혀서 문득 발걸음을 멈추게 하죠. 떠올리면 얼굴이 빨개질 만큼 민망하기도 하고, 아쉬움에 빈손을 꼭 쥘 때도 있습니다. 상대방이 나를 어떻게 기억하고 있을지, 아니 기억이나 할지 가늠하기 어렵죠. 하지만 그 모든 것은 과거에 있습니다. 우리가 어떻게 해볼 수 있는 일이 아니게 되었습니다. 뭐든지 처음이 가장 오래 남는다구요? 그러면 저는 이렇게 말하겠습니다. 뭐든지 처음은 가장 먼저 과거가 됩니다.

그러니까 이제 당신은 괜찮아질 거예요. 당신의 첫사랑 이야기를 듣다 제 첫사랑이 떠올라 살그머니 웃고 말았다니까요. 사랑은 이루어지지 않을수록 더욱 사람의 마음을 흔들기 마련이죠. 영화 〈건축학개론〉에서 납득이가 이렇게 말했지요. "첫사랑이 원래 잘 안 되라고 첫사랑이지, 잘 되면 그게 첫사랑이냐? 마지막 사랑이지." 첫사랑은 그런 존재입니다. 이루어져서 아름다운 것도 있지만 이루어지지 않았기에 더욱 애틋한, 그것이 바로 첫사랑인 거죠.

첫사랑의 기억은 각자의 가슴속에 꽁꽁 묻어놓고 가끔씩 혼자서 몰래 열어보는 비밀상자와도 같습니다. 다들 아닌 척 하지만 누구나 마음 속에 상자 하나씩은 있습니다. 얼마간은 하루에 열두 번도 더 열어보겠지만 세월이 지나면 그 위로 먼지가 수북이 쌓이겠지요. 첫사랑의 상흔이 아물 때쯤 당신도 상자를 열어보며 미소를 지을 수 있기를 바랍니다.

## 이별을 아프지 않게 잘하고 싶은데, 방법이 없을까?

성인이 되면서 많은 사람을 만나고, 우정을 나누고, 사랑도 나누었다. 그런데 요즘 나는 그들과 헤어지고 있다. 그때마다 마음이 아프다. 이성적으로는 이별을 담대하게 하고 싶은데 그렇게 되질 않는다. 시간이 흐르면 감정도 무뎌질까? 자신이 없다. 잘 이별하고 싶다.

비가 멈춘 긴 둑에 풀빛이 지천이라
그대 보내는 남포에 서러운 노래 일렁이네.
대동강 물이 언제나 마르겠는가
헤어져 떨군 눈물이 해마다 초록 물결에 보태는데. _그대 보내며(送人, 정지상)

雨歇長堤草色多 送君南浦動悲歌
大同江水何時盡 別淚年年添綠波

【출전】《동문선(東文選)》 권19【작자】 정지상(鄭知常): ?~1135(인종13), 고려 전기의 문인. 1114년(예종9)에 문과에 급제, 좌정언을 지냈고 평양 천도를 주장한 바 있다. 묘청(妙淸)의 난 때 김부식에게 처형당했다. 시에 뛰어난 인물이었다.【주석】 雨歇(우헐): '歇'은 아주 짧은 동안의 휴식, 멈춤, 그침을 뜻한다. ○草色多(초색다): '多'는 풀빛이 짙다, 제 빛이라는 뜻. 비가 내려 풀이 더욱 싱그럽게 제 빛을 드러내니 온통 풀이 깔려있는 듯한 느낌을 준다. '지천이다'로 해석한다. ○動悲歌(동비가): '動'은 서러운 노래소리가 울려 퍼지는 것을 뜻한다. 강물이 일렁이듯, 화자의 서러운 마음도 출렁인다. ○何時盡(하시진): '盡'은 마

르다는 뜻. 강물이 마르겠느냐, 즉 마를 날이 없을 것이라는 말로 실제 마르지 않는 것은 나의 눈물이다. ○添綠波(첨록파): '綠'은 1구의 '草色多'와 어울려 강물빛을 표현한 말이다. 이 시의 전반적인 색조는 초록빛이다.

## 이별에 대처하는 우리의 자세

'조금씩 잊혀져 간다. 머물러 있는 사랑인 줄 알았는데 또 하루 멀어져 간다. 매일 이별하며 살고 있구나.'

서른 즈음이 아니라도 우리는 매일 이별하며 살고 있다고 해도 과언이 아닙니다. 사랑하다가 이별할 수도 있고 친구와 다투어서 이별할 수도 있고 누군가가 세상을 등지면서 이별할 수도 있고, 이별의 종류는 무수히도 많지요. 우리는 매일 이렇게 갖가지 이별을 하면서도 이별이란 것에 전혀 익숙해지질 못합니다.

저도 최근에 이별이란 것을 하게 되었습니다. 진심으로 좋아하고 사랑하던 사람과의 이별은 언제나 그렇듯 참 힘이 듭니다. 이별이란 그 사람을 포함한 모든 익숙한 것들로부터의 멀어짐일 테죠. 저는 그 사람에게 아주 사소한 것들도 털어놓으며 고민을 나누곤 했습니다. 이젠 제 이야기를 열렬히 들어주는 유일한 청취자를 잃어버린 셈이죠. 그 사람이 있다는 것만으로도 큰 위로였는데 이제 제가 받은 상처를 달랠 곳이 없어져버렸습니다.

이별이란 크나큰 사건이 주는 충격과 슬픔을 그 사람은 정작 더 이상 들어줄 수 없겠죠. 결국 이별은 각자의 몫입니다. 해럴드 블룸필드가 말했습니다.

"고통을 외면하거나 거부하거나 감추거나 도망치면 안 된다."

슬픈 영화를 볼 때 눈물을 실컷 흘리고 나면 마음이 한결 홀가분해지는 것처럼, 이별의 고통은 충분히 맛보고 느낀 후에라야 훌훌 털어버릴 수 있다는 거겠죠. 겉으로는 괜찮다고 하면서 자신을 속이는 대신, 이별을 온몸으로 끌어안을 때 비로소 한층 더 성숙해진 자신을 발견할 수 있을 겁니다.

돌이킬 수 없는 이별의 아픔은 결코 마를 수 없는 대동강의 깊고 푸른 물처럼 해마다 계속 이어질 것입니다. 이별의 눈물은 점점 더해져 강물이 깊어지면 깊어졌지 얕아지진 않겠지요. 이별의 상처는 극복하는 게 아니라 무뎌지는 건지도 모릅니다. 그 상처의 칼날에 점점 무뎌져 이제는 잊었다고 말하게 되는 겁니다. 고통의 강도는 시간의 흐름에 반비례하는 법이니까요.

이별에 익숙해지는 법은 없습니다. 이별은 매번 충격적일 것이고, 늘 눈물 범벅인 채로 돌아서야 할 것입니다. 하지만 억지로 눈물을 참으려 하지도, 이별을 부정하지도 마세요. 당신을 떠나는 사람의 뒷모습에 후회가 없을 때까지 손을 흔들어 주세요. 그런 다음 당신도 뒤돌아 당신을 기다리는 사람들에게로 뛰어가세요. 그 사이 눈물은 그칠 것이고 당신은 또 다시 살아갈 이유를 찾게 되겠지요. 언젠가 밥도 잘 먹고, 흔한 유머에도 잘 웃는 당신을 발견한다면, 그때야말로 떠난 사람도 남겨진 사람도 없는 좋은 이별이 되어 있지 않을까요.

# 짝사랑에 애태우는 내 모습이 안타까울 때

강의실 앞자리에 그녀가 오늘도 앉아 있다. 매번 뒷모습만 보지만 설레는 마음을 주체할 수 없다. 그녀가 어쩌다 고개를 돌려 친구와 말하기라도 하면 그 옆모습이 너무 예뻐 나는 거의 쓰러진다. 같은 수업을 듣는 여학생을 좋아하는 남학생의 이야기는 너무 식상한 러브스토리지만 내 마음은 진심이다. 그녀가 내 여자친구라면 어떨까? 상상만 해도 가슴이 떨린다. 갑자기 고백한다면 그녀가 너무 놀라 거절하겠지? 하지만 혼자 애태울 수도 없고…. 도대체 어떻게 해야 할까?

쪽빛 치마 두른 그녀 목화밭을 나서다가
낯선 이를 보더니 몸을 돌려 길가에 서네.
백구는 멀리 황구 따라가더니만
짝지로 돌아와 다시 주인 앞을 오가누나. _산골어귀에서 보았네(峽口所見, 신광수)

青裙女出木花田 見客回身立路邊
白犬遠隨黃犬去 雙還更走主人前

【출전】《석북집》 권5 여강록(驪江錄) 상 【작자】 신광수(申光洙): 1712(숙종38)~1775(영조 51). 자는 성연(聖淵). 호는 석북(石北), 오악산인(五嶽山人). 본관은 고령(高靈). 1750년(영조26) 진사에 합격했다. 저서로 《석북집(石北集)》이 있다. 【주석】 峽口所見(협구소견): 시인이 산골어귀에서 보았던 장면을 시로 쓴 것이다. 수줍은 산골아가씨의 모습이 선하게 보인다. ○青裙(청군): 검푸르게 물들인 치마. 한시의 '青'은 주로 검푸른 빛을 띠는 경우가 많아 보인다. '青'은 3구의 '白', '黃'과 어울리면서 시를 색채감 있게 만들고 있다. ○更(갱): 다시. 반복되는 행위, 이전과 같은 행동을 보이는 경우 쓰인다.

# 모든 사랑의 시작은 짝사랑입니다

사랑하는 사람 앞에서 한없이 자신을 드러내고 싶은 사람이 있는가 하면 한없이 작아지는 사람이 있는데 당신은 후자에 속하는 군요. 바라보기만 해도 떨리는 마음은 그녀가 내게 말이라도 걸어온다면 기쁨으로 가득 차 하늘 높이 날아갈지도 모르지요. 용기를 내 상대에게 말을 붙이는 상상을 수없이 해보지만 제대로 시도도 못해보고 자동으로 '얼음!'이 되어버리고 마는 것, 짝사랑을 하고 있는 우리 대부분의 모습이 아닐까 합니다.

그녀를 멀리서 지켜보기만 하는 당신은 이제 짝사랑 첫 단계에 진입했군요. 요즘 당신은 그녀에 관한 정보를 수집하고 있을 겁니다. 수업 시작 몇 분 전에 오는지, 오늘은 어떤 옷을 입었는지, 수업이 끝나면 어느 방향으로 나가는지. 정보 수집량은 애정의 양과 비례하죠. 좋아할수록 알고 싶고 알수록 좋아지게 마련입니다. 그녀의 행동 하나하나가 그렇게 기특하고 예쁠 수가 없죠. 짝사랑의 특성상 상대방을 바라볼 때는 '무한긍정'의 자세가 기본이죠. '팩트'에 상상력이 더해지면 거의 완벽에 가까운 이상형이 완성됩니다. 당신은 그녀를 보고 있지 않은 순간에도 그녀 생각뿐입니다. 당신은 어느 날 결심하겠죠.

'고백하자!'

하지만 당신은 머뭇거릴 겁니다. 짝사랑은 고백했을 때 거절당할 확률이 더 높다는 통계 때문이죠. 아마도 머릿속으로 몇 번의 시뮬레이션을 해봤을 겁니다. 그녀가 오케이 했을 경우를 상상하며 세상을 다 얻은 것 같은 기분에 빠지다가도 그녀가 거절할 경우를 떠올리면 모든 것을 잃고 나락으로 떨어지는 것 같죠. 내성적인 편이라면 오랜 시간 혼자서 속앓이를 합니다 지쳐 포기해 버릴 수도 있어요. 아니면 어느덧 학기가 끝나 그녀를 더 이상 만날 수 없게 되어버릴지도 모릅니다. 더 억울한 건 그녀는 당신 마음이 이토록 간절할지 상상도 못한 채 다른 남자에게 갈 수도 있다는 거예요. 당신처럼 괜찮은 남자가 자신을 사랑한다는 걸 단지 '모른다'는 이유만으로요. 그러면 당신이 쌓은 짝사랑의 무덤엔 이렇게 묘비명이 붙여지겠죠.

「우물쭈물하다 내 이럴 줄 알았지.」

《사랑예찬》의 저자 알랭 바디우는 말했죠.

"사랑의 선언은 우연에서 운명으로 이행하는 과정이다."

그는 언어를 통한 고백과 표현으로 둘만의 세계가 구축된다고 했습니다. 이것은 짝사랑을 고백하고자 하는 사람뿐 아니라 이미 연애를 하고 있는 연인에게도 필요한 것입니다. 내 마음을 상대에게 표현하고 전달함으로써 둘 사이의 유대감과 친밀감이 깊어질 테니까요. 관계의 초석을 다지는 주춧돌이 될 사랑의 선언, 고백은 정말 용기 있는 행동인 셈입니다.

시 속의 산골 아가씨처럼 좋아하는 사람 앞에서 부끄러워 뒤돌아 피하지 마세요. 어쩌면 사랑에 있어서는 백구와 황구가 저 아가씨보다 용기 있고 솔직한 지 모릅니다. 바디우는 '성공한 인생이란 적어도 변기에 앉아서 보낸 시간보다는 사랑한 시간이 더 많은 인생이다'라는 번뜩이는 비유를 했습니다. 당당하게 쟁취하는 사랑으로 인생은 더욱 풍성해질 겁니다.

많은 '짝사랑자'가 고백의 문턱에서 좌절합니다. 사랑을 선언할 용기가 부족해서겠죠. 쉬운 일은 아닙니다. 하지만 생각해보세요. 어차피 모든 사랑의 처음은 다 짝사랑입니다. 서로의 마음을 아느냐 모르느냐의 차이만 있죠. 당신의 짝사랑은 당신과 그녀가 나눌 사랑의 시작입니다. 어때요, 이제 좀 용기가 생기나요? 이제 당신의 마음을 그녀에게 친절히 설명해주세요. 무언가를 알기 전과 알고 난 후는 완전히 다른 세상이죠. 부디 그녀에게 당신의 마음을 알게 된 후의 세상을 보여주시길.

## 익숙함 뒤에 오는 권태에 대하여

남자친구와 오래 사귀면서 서로에게 익숙해지기 시작했다. 그만큼 편한 것도 있었지만, 마음에 들지 않는 부분도 있었다. 경제 관념도, 시간 개념도 나랑은 다른 부분이 많았다. 서로의 불만을 대화로 풀어나가려 해도 나보다 말을 잘하는 그에게 난 늘 가르침을 받는 입장이다. 연애 초기에는 듣고만 있었지만 서로에게 익숙해질수록 나도 되받아치고 감정 그대로 날카롭게 이야기하게 된다. 그러다보니 상처주고 상처받는 일이 잦아지고 이제는 만나서 밥을 먹어도 유쾌하지 않다. 서로 연락이 뜸할 때도 많다. 권태기일까? 도저히 모르겠다.

열다섯 살의 어여쁜 아가씨
남의 눈이 수줍어 말도 못한 채 헤어졌네.
돌아와서는 문을 겹겹이 닫고
배꽃에 걸린 달을 보며 소리 없이 눈물만 뚝뚝.

_말도 못한 채 헤어졌네(無語別, 임제)

十五越溪女 羞人無語別
歸來掩重門 泣向梨花月

【출전】《임백호집》 권1 【작자】 임제(林悌): 1549(명종4)~1587(선조20). 자는 자순(子順). 호는 백호(白湖), 겸재(謙齋), 풍강(楓江). 본관은 나주(羅州). 1576년(선조9) 사마시에 합격해 진사가 되었다. 저서에 《임백호집(林白湖集)》이 있다. 【주석】 越溪女(월계녀): 중국 월나라의 시냇가에서 빨래하던 아가씨, 즉 서시(西施)를 말한다. 미인의 대명사로 쓰인다. ○羞(수): 부끄러워하다, 수줍어하다. ○掩重門(엄중문): '重門'은 대문 안의 또 다른 문을 뜻함. 따라서 본래 '겹문을 닫다'로 해석되어야 하나, 화자가 남의 눈에 띄지 않으려고 문을 닫아걸려는 마음을 표현하기 위해 '문을 겹겹이 닫다'로 해석했다. ○梨花月(이화월): 배나무에 핀 꽃 사이로 보이는 달. 하얀 배꽃 사이로 둥그런 달빛이 부서지니 참으로 밝게 비치는 풍경이다. ○泣(읍): 소리없이 눈물만 흘리는 것을 말한다. 소리내어 크게 우는 것은 '곡(哭)', 눈물에 콧물까지 마구 흘리며 우는 것은 '체사(涕泗)'라고 한다.

## 다시 성실히 사랑해봐요

고민하는 당신에게 조금 가혹한 질문일지도 모르겠지만 저는 이렇게 단도직입적으로 묻고 싶군요. 그래서, 그와 헤어지고 싶은 거예요? 그러면 당신은 끊임없는 불평을 늘어놓다가도 갑자기 입을 다물게 되겠죠. 그래요, 고민의 실체는 바로 그거예요. 헤어지느냐, 마느냐.

처음 연애를 시작할 때를 생각해보면, 서로를 지극히 아껴주고 사랑하며 최대한 이해하려고 노력했지요. 그러나 상대를 편하게 느끼게 되면서 자신의 성격이 여과 없이 드러납니다. 본래 내 성격보다 더 못되고 질투 많은 내 모습이 나타나기도 합니다. 익숙해진 상대에게 기대하고 바라는 점이 하나씩 늘어가기 때문입니다. 가족처럼 스스럼없고 편한 관계가 지속되면서 연애생활에서 자극은 점점 줄어들고 익숙함은 늘어갑니다. 뜨거운 불꽃보다는 미지근한 손난로 같은 연애가 지속되는데 이러한 만남이 재미없다고 생각하는 순간 권태기의 늪에 빠지게 되죠.

'어떤 일이나 상태에 시들해져서 생기는 게으름이나 싫증.'

권태의 사전적 정의입니다. 사실 인간이란 존재는 그 어떤 엄청난 일에든 결국 적응하기 마련입니다. 연애란 것도 제법 큰 사건에 속하죠. 처음에는 적응하기 위해 무진장 노력했을 겁니다. 하지만 적응 후에는 처음의 절반도 노력하지 않았겠죠. 어느 순간 상대방이 무엇을 좋아하고 싫어하는지 알려고 하지도 않고, 애정 표현도 뜸해졌을 걸요. 지난 한 달간의 데이트 횟수를 세어보세요. 손가락이 몇 개나 접히나요. 나는 아무것도 하지 않으면서 상대방이 나에게 맞춰주기만 바란 건 아닌지 자문해본다면 조금 부끄러울 수도 있어요. 어이없지 않나요. 이별의 이유가 '게으름' 때문이라니요.

당신은 내 질문에 분명 "헤어지고 싶지 않다."고 대답할 거예요. 그렇다면 부지런해지는 방법으로 권태를 극복할 수 있지 않을까요. 애정표현과 대화 시간, 그리고 만남의 횟수를 적극적으로 늘려보세요. 하다 보면 늘게 되어 있잖아요. 아쿠아리움이나 공연, 전시회처럼 서로의 시선이 한 곳에 머물고 함께 느낄 수 있는 체험을 추천합니다. 나와 네가 아닌 제3의 요소는 익숙하게만 느껴지는 만남에 신선함과 재미를 줄 수 있으니까요. 마음을 제대로 전달하기 어렵다면 마음이 담긴 편지 한 통 써보는 것도 괜찮겠네요. 편지지를 사고 또박또박 글을 적은 후 편지 봉투에 넣어 수줍게 내미는 것만큼 서로에 대해 성실한 행동이 또 어디 있겠어요.

자, 이제 당신의 속마음을 그에게 직접 털어놓을 차례입니다. 말하지 않아도 다 알아주겠지 하는 건 당신 생각입니다. 당신이 얼마나 속상했는지는 당신밖에 알지 못합니다. 그러니 반드시 그에게 상세하고 친절하게 알려주세요. 그러면 그는 당장 "그동안 미안했어." 하고 반성하며 당신에게 귀를 기울일 지도요. 삶에서 가장 큰 행복은 열중하는 것, 배우는 것, 사랑하는 것입니다. 서로에게 끊임없이 열중하고 서로를 배우고 사랑하는 것. 두 사람이 가장 잘하던 것이었잖아요.

## 조금의 여유도 없는 내 생활, 사랑은 사치가 아닐까?

날마다 학비를 벌기 위해 아르바이트를 하느라 주말도 없이 바쁜데다 공부와 과제를 하기 위해 밤을 새느라 피곤을 달고 사는 나. 이런 와중에 요즘 호감이 생겨 만나고 싶은 사람이 생겼다. 시간과 돈에 쫓기는 현실 속에서 사랑이 오는 것을 허락해도 될까?

언젠가 들으니 주흘령은
상상봉이 천서추라지.
구름도 반은 머물고
바람도 반은 쉬며
날쌘 맷새인 해동청도
올려보곤 정녕 다시 시름한다지.
나는 다리도 약한 여자라
걸어도 겨우 사발 언덕에 어울리나
내 님이 있는 곳을 들으면
가파른 고개도 곧 평평한 밭두둑이라
천 걸음에 숨 한 번 쉬지 않고
훠이훠이 산마루를 넘어가리. _천 걸음도 단숨에 가리라(主紇嶺, 이학규)

曾聞主紇嶺 上峰天西陬

雲亦一半歇 風亦一半休
豪鷹海青鳥 仰視應復愁
儂是弱脚女 步履只甌窶
聞知所歡在 峻嶺卽平疇
千步不一喙 飛越上上頭

【출전】《낙하생집》 책19 〈낙하생고(洛下生藁)〉 하. 【작자】 이학규(李學逵): 1770(영조46)~1835(헌종1). 자는 성수(惺叟), 성수(醒叟). 호는 낙하생(洛下生), 문의당(文猗堂), 인수옥(因樹屋). 본관은 평창(平昌). 저서로 《낙하생집(洛下生集)》이 있다. 【주석】 主紇嶺(주흘령): 경북 문경에 있는 산. ○上峰(상봉): 제일 높은 봉우리. 상상봉. ○歇(헐), 休(휴): 모두 쉬다, 멈추다, 머물다는 뜻으로 구름이나 바람이 흐르다가 산이 너무 높아서 잠시 멈추었다가 간다는 의미다. ○海青鳥(해청조): 해동청(海東靑). 짐승 사냥에 쓰이던 날쌘 매로, '송골(松鶻)'이라고도 부른다.

## 연애는 인생 최고의 스펙

요즘 대학생의 삶은 여느 직장인 못지 않게 고단합니다. 취업이 힘들다 보니 이른바 스펙을 쌓는데 대학 생활의 대부분을 보내고 있을 겁니다. 영어점수를 만들고, 취업설명회에 다니고, 학교 수업도 따라가야 하죠. 또 제 손으로 용돈과 학비를 버는 친구들도 있을 테고요. 고등학교 때는 모든 즐거움을 대학 입학 뒤로 유보했다면, 대학에 들어와선 취업 후로 다시 유보하고 있는 셈이죠. 취업이란 잣대가 즐거워야 할 대학생활을 멋없이 재단해버린 현실, 동감하시나요?

'사랑이 없다면 사는 것은 어제나 오늘이나 똑같을 수 있다.'

조지훈의 시 〈사모〉의 한 구절입니다. 사랑하는 사람이 있기에 평범한 일상이 새롭고 아름답게 느껴지고, 삶을 긍정적으로 바라볼 수 있죠. 그리움, 안타까움, 서운함 같은 다양한 감정을 느낄 수도 있구요. 사랑은 생을 살아가는 하나의 방식이며 분명 우리에게 많은 것을 가져다

줍니다. 사랑을 배울 수 있는 가장 좋은 시기는 바로 대학시절이죠. 충분한 시간을 두고 사랑의 기쁨도, 슬픔도 느낄 수 있거든요. 막상 직업을 갖고 돈을 벌기 시작하면 사는 게 바빠 연애에 긴 시간을 할애하려 하지 않죠.

물론 사랑도 삶의 일부분이니 현실적으로 생각하지 않을 수 없습니다. 시간과 돈이 여유로운 대학생은 그리 많지 않습니다. 어떤 이에게는 시간이, 어떤 이에게는 돈이 사랑을 막는 장애물이자 사랑보다 중요한 것일 수 있습니다. 보고 싶은데 시간이 없어서 볼 수 없거나 같이 놀러 가고 싶고 맛있는 것을 먹고 싶어도 돈이 없다면 비참해지기도 합니다. 하지만 어떤 커플은 대학시절 돈이 없어 김밥 한 줄 나눠먹었던 그때가 제일 좋았다고 추억하더군요. 사랑이란 결국 같이 있기만 해도 좋은 거잖아요. 같이 고생하다 보면 사랑보다 더 끈끈하다는 동지애도 생기게 마련이고요.

〈천 걸음도 단숨에 가리라〉는 이성을 바라는 간절한 마음을 표현한 시입니다. 제 아무리 높고 험한 산이 가로막고 있다 한들, 님이 있다면 단숨에 뛰어넘으리라는 의지가 재밌기도 합니다. 사랑을 원하면서도, 현실의 여러 문제를 핑계 삼아 피해버리는 것은 비겁할 뿐입니다. 영어 단어는 하나라도 더 외우려 애쓰면서 당신의 청춘을 빛낼 연애는 왜 그렇게 쉽게 포기하시나요. 사랑이라는 삶의 방식을 배울 기회를 놓치지 마세요. 당신의 마음을 움직이는 사람이 있다면 그가 그동안 당신이 보지 못했던 세상을 열어줄 것입니다. 아름다운 대학시절, 연애라는 최고의 스펙을 꼭 쌓으시길 바랍니다.

# 눈물 나는 사람들, 관계와 소통

# 모 정 을 느 끼 지 못 했 던 어린 시절, 그리고 지금의 외로움

아주 어려서 어머니를 여의었고, 이후 새 어머니를 받아들였지만, 어린 나는 모정을 느낄 수 없었다. 아버지와 누나가 있지만, 가부장적인 아버지에게 속마음을 말할 수는 없었다. 그래서 친구를 찾았지만 나의 사춘기는 늘 외로웠다. 고등학교 시절부터 사귀었던 친구들도 몇몇은 군대로, 몇몇은 타지로 떠나버려 외롭다. 대학에서 친구를 만들 수도 있겠지만, 외로움에 익숙해진 마음의 문은 쉽게 열리지 않는다. 설령 다가서더라도 그들의 텅 빈 마음이 느껴져 더욱 쓸쓸하다. 그래도 혼자 다닐 수는 없어 겉으로는 사람들과 친한 척 한다. 어느덧 이런 생활도 수년째. 고요한 밤에 깨어있다 보면 세상에 나 혼자란 생각이 든다.

안개 사라지자 산은 예전대로요
구름 걷히니 하늘은 본래대로네.
기이한 경관 삼삼해 헤일 수 없고
참다운 모습 환히 트여 남김 없어라.
하나의 오묘가 사라지고 자라는 것 보고
현묘한 기틀이 말았다 펴지는 것 느끼네.
어둡고 밝음의 이치를 멀다 하지 말지니
사람 가운데 누군들 돌이켜 구하지 않던가. _환히 갠 날에(喜晴, 이언적)

霧盡山依舊 雲收天自如
奇觀森莫數 眞象豁無餘
一妙看消長 玄機感捲舒
昏明要不遠 人孰反求諸

【출전】《회재집》 권1 【작자】 이언적(李彦迪): 1491(성종22)~1553(명종8). 자는 복고(復古). 호는 회재(晦齋). 자계옹(紫溪翁). 본관은 여주(驪州). 1513년(중종8) 생원시에 급제했고, 예조참판, 성균관 대사성, 사헌부 대사헌, 홍문관 제학 동지성균관사 등을 지냈다. 시호는 문원(文元). 저서로 《회재집(晦齋集)》이 있다. 【주석】 霧盡(무진): '盡'은 다한다, 없어지

다, 사라지다는 뜻. ○天自如(천자여): '自如'는 이전과 같음, 즉 본래 그대로라는 것으로, 변함없이 존재하는 하늘을 두고 말한 것이다. ○奇觀(기관), 眞象(진상): 천도가 객관화된 물상을 뜻한다. 이를테면 꽃이 피는 것은 천도가 지닌 생성의 기운을 보여주고, 낙엽이 지는 것은 천도가 수렴하는 마음을 갖고 있음을 표현한다. ○一妙(일묘), 玄機(현기): 천지자연을 운행하는 원리, 즉 천도(天道)가 드러나는 모양을 표현한 것. '一妙'는 오직 하나인 원리로 존재하는 오묘한 작용이란 뜻이고, '玄機'는 감각기관으로 포착할 수 없는 세상 운행의 원리를 말한다. ○昏明(혼명): 어둡고 밝음. 세상은 음과 양이란 두 가지 속성으로 구성되며, 이는 각각 어둠과 밝음으로 표상된다. '昏明'은 이 세상을 구성하는 원리를 뜻한다. ○人孰反求諸(인숙반구저): '孰'은 누구, 뉘. '反求諸'는 '반구저기(反求諸己)'의 준말로, 즉 자신에게 돌이켜 구한다. 즉 세상이 돌아가는 이치는 바로 자신에게서 찾는다는 뜻이다.

## "아프다!" 소리 내어 말해보세요

오늘날 가족의 형태는 다양해졌지만 집, 가정하면 떠오르는 것은 역시 따뜻한 밥, 아늑한 방, 사랑하는 사람입니다. 가정은 나의 외모나 성격, 능력으로 대우받는 것이 아니라, 가족이라는 사실 하나만으로 인정받고 사랑을 나누는 곳입니다. 그렇기에 각박한 세상 속에서 건강한 가정이 더욱 절실하고 소중해집니다.

어머니의 부재가 서툰 관계맺기의 원인일 수 있겠죠. 속마음을 가족들에게 잘 터놓지 못했기 때문에 다른 누군가에게 속마음을 말하는 것도 어려웠을 겁니다. 그런 어설픈 관계맺기에서 오는 또 다른 아픔들을 정면으로 받아야 했을 테죠.

다행인 것은 사람의 부재로 느끼는 외로움은 누군가가 곁에 있다는 것만으로도 채워질 수 있다는 겁니다. 어머니의 자리를 온전히 채워줄 수는 없겠지만, 자신의 생각과 속마음을 나눌 수 있는 존재가 생기는 것만으로도 빈자리가 조금은 메워질 겁니다. 대신 진솔한 모습으로 상대에게 다가가야 합니다. 있는 그대로의 모습으로 소통하는 것이 인간 관계의 첫걸음입니다.

"누군가의 친구가 된다는 것은 그로 인해 아픔을 겪을 일이 많아진다는 것을 의미하기도 한다. 때로는 그 고통과 시련을 나누어 둘러메야 하기 때문이다."

《행운의 절반 친구》의 한 구절입니다. 친구를 사귀고 관계를 형성할 때는 내 고민을 나눌 수도 있지만 동시에 친구의 고민을 내가 짊어지기도 해야 합니다. 내가 진심으로 다가갈 때 그들도 진심으로 나를 대할 것입니다. 진심으로 쌓인 관계는 오래 지속되지요. 외롭다고만 되뇌지 말고 알고 지냈던 친구들에게만 기대려 하지 말고 주변을 둘러보고 새로운 관계를 만들어보세요. 다양한 사람을 만나면서 내 안의 다양한 모습을 발견할 수 있고 그 속에서 상처의 힐링도 가능할 테니까요.

〈환히 갠 날에〉에서도 말하듯 어둡고 밝은 것은 멀리서 구하는 것이 아니라 자신에게서 구하는 것입니다. 지금의 외로움도 타인이 아니라 나의 내면의 변화로 바뀔 수 있습니다. 가부장적인 아버지, 어려운 누나, 그리고 마음이 빈 친구들까지, 당신의 닫힌 마음이 주위 사람들을 더 삭막하게 만들고 있는 건 아닐런지요. 외로움에 익숙하다는 이유로 자신만의 세계에 갇혀 있지 않았으면 합니다. 한 번으로 안 되면 두 번, 세 번 진심을 보여주세요. 진심은 서서히 전해지는 것이기에 단번에 알아채기 힘들거든요. 그대에게 진심이 담긴 손을 내미는 누군가가 있다면 밀쳐내지 말고 열린 마음으로 받아들여 보세요. 마음으로 통하는 가족을 만드는 것도 인생에서 의미 있는 일이 될 거예요.

# 아버지! 그 이름만으로 힘이 되는

불치병을 앓고 계신 아버지를 수발하느라 피 묻은 시트도 빨아보았고, 입원실 보호자에 내 이름도 올려보았다. 집이 싫어서 이러저런 사고도 많이 쳤지만 어느 순간 마음을 고쳐먹었다. 1년에 50일은 병원 신세를 져야 하고 하루에 스무 알도 넘는 약을 드셔야 겨우 생활이 가능하지만 아버지가 살아계심에 감사하다. 어려운 환경에서도 지금껏 나를 키워주신 아버지께 고마운 마음을 전하고 싶다. 점점 쇠약해져 혼자 서기도 버거운 아버지를 보면 그저 눈물이 앞을 가린다.

빗소리에 하루 다 가도록 사립문 닫았거니와
물이 갉아 섬돌 뜨락의 풀은 뿌리마저 드러냈네.
정원의 역사를 요사이 얼마나 정리했던가.
앵두는 아들 맺고 대나무는 손주를 낳았네. _여름날 우연히 읊다(夏日偶吟, 남병철)

雨聲終日掩柴門 水齧階庭草露根
園史近來修幾許 櫻桃結子竹生孫

【출전】《규재유고》 권1 【작자】 남병철(南秉哲): 1817년(순조17)~1863년(철종14). 자는 자명(子明), 원명(元明). 호는 규재(圭齋), 강설(絳雪), 구당(歐堂), 계당(桂堂). 본관은 의령(宜寧). 1837년(헌종3) 진사시에 급제했다. 규장각 대교, 홍문관 부제학, 직제학 등을 지냈다. 시호는 문정(文貞). 저서로 《규재유고(圭齋遺藁)》가 있다. 【주석】 終日(종일): '日'은 해, 낮을 말한다. 해가 넘어가면 하루가 다 갔다는 뜻이다. ○水齧(수설): 물이 갉아먹다. 침식하다. ○園史近來修幾許(원사근래수기허): '近來'는 요사이. '幾許'는 얼마나, 어느 정도. '園史'는 정원의 역사. 즉 정원이 지내온 내력과 현재를 말한다. 제5자인 '修'와 어울려서 '수사(修史)', 즉 역사를 정리하다는 뜻을 이룬다. ○結子(결자), 生孫(생손): 앵두 열매가 맺히고 대나무 죽순이 새로 돋아난 것을 가리킨다.

# 자식은 아픈 부모의 의사다

부모님이라는 존재는 인생에서 자신이 결정할 수 없는 것 중 한 가지입니다. 나를 세상에 태어나게 해준 분이라는 생물학적인 의미 외에도 언제든지 조건 없이 나의 최전방 지원군이 되어준다는 것에서 의미가 큽니다. 그러나 우리는 부모님의 존재를 당연히 여기고 보살핌 받는 것을 당연히 여기죠.

우리 부모님 중 60퍼센트 이상이 나이가 들어서도 자녀의 교육이나 결혼 자금 마련을 위해 돈을 모으느라 노후 대비를 제대로 하지 못한다고 합니다. 그만큼 자식의 부모 의존도가 높다는 것이고 그만큼 부모의 희생이 필요하다는 뜻이지요. 부모님에 대한 감사를 표현하기엔 일년 중 며칠은 너무 짧습니다. "나무는 고요하고자 하나 바람이 멎지 않고, 자식은 봉양하고자 하나 부모님은 기다려주지 않는다(樹欲靜而風不止子欲養而親不待)"는 옛말이 있습니다. '풍수지탄(風樹之歎)'이 나온 구절이기도 한데, 살아계실 때 잘 하라는 말입니다. 자식으로서 부모님께 보답할 준비가 되었는데 부모님이 안 계시다면 무슨 소용이 있을까요. 살아계실 때 잘해드리지 못한 후회는 곱절로 가슴을 때릴 것입니다.

〈여름날 우연히 읊다〉는 직접적으로 효도하라고 말하지 않습니다. 오랫동안 내려온 집 안의 섬돌은 세월에 이리저리 깎여나갔고, 바쁜 일상에 쫓기다 문득 바라본 집 앞 꽃과 대나무는 어느덧 세대가 바뀌어 있습니다. 항상 그 자리에 있을 것 같던 것도 변하고 사라져 갑니다. 백년도 살지 못하는 우리들도 마찬가지겠지요. 자식들에게는 아낌없이 주는 나무인 부모님도 언젠가는 왔던 곳으로 되돌아가실 것입니다.

점점 쇠약해지는 부모님의 모습에 가슴 아픈 당신처럼, 아버지도 자신을 병간호하는 아들을 보는 게 못내 마음 아프실 겁니다. 다른 부모처럼 먹을 것, 입을 것 하나 더 못해주는 미안함에, 자식의 소중한 시간을 뺏는 것 같은 죄책감에 당신보다 더 큰 아픔을 느끼고 계실 거예요. 환한 웃음과 함께 조금 더 따뜻하게 말을 건네 보세요. 아버지가 살아계셔서 든든하고 감사하다고. 자식으로서 잘 지내는 모습, 성공하는 모습 보여드리겠다는 당찬 각오를 보여드리세요. 눈을 마주하고 손을 잡아드리고 진솔한 대화를 나누며 서로 의지할 수 있고 힘이 될 수 있는 부모 자식 사이가 되길 바랍니다.

## 사춘기 동생의 짜증 언제까지 참아야 하나?

동생과 나는 늘 함께였고 사이가 좋았다. 그런 동생이 고등학교에 들어간 뒤로 변했다. 모든 일에 냉소적이고 무뚝뚝해졌다. 멀리 학교를 다니는 동생과 얼굴을 마주하기도 어렵다. 동생이 오늘은 내게 큰소리까지 내며 화를 냈다. 갑작스런 동생의 변화에 나는 무척 당황스럽다. 점점 몸도 마음도 멀어지는 듯하다.

마음으로 옳거니 그르거니 나를 돌이킬 줄 알고
입으로 잘하고 못한다며 남까지 거론하지 말라.
나쁜 생각 없애기를 서리 맞은 나뭇잎처럼 하고
착한 단서 길러내기를 비온 뒤 띠풀처럼 할지니. _다짐(偶吟, 신몽삼)

心有是非知己反 口無長短及人家
消除惡念霜前葉 培養善端雨後茅

【출전】《일암집》 권1 【작자】 신몽삼(申夢參): 1648(인조26)~1711(숙종37). 자는 성삼(省三), 호는 일암(一庵), 본관은 영산(靈山). 1675년(숙종1) 증광생원시에 급제했다. 저서로 《일암집(一庵集)》이 있다. 【주석】 己反(기반): '反己'의 도치. 나를 돌이키다, 반성하다는 뜻이다. ○霜前葉(상전엽): 서리 앞의 나뭇잎, 즉 서리 맞은 나뭇잎으로, 곧 가을되어 낙엽이 떨어져 나무가 줄기만 남는 것을 뜻한다. 낙엽이 지면 나무는 가장 근원적인 모습으로 남는다. '前'은 눈앞에 마주하다, 때를 만나다는 뜻이다. ○雨後茅(우후모): 비온 뒤의 띠풀이 마구 돋아나는 것. 정지상의 〈대동강(大同江)〉에 "비가 멈춘 긴 둑에 풀빛이 지천이라[雨歇長堤草色多]"라고 했다.

# 마음 속 성난 물소 놓아주기

저에게도 동생이 있습니다. 재롱 많던 귀여운 녀석이었는데 이젠 키도 훌쩍 커버리고 앳된 모습도 벗어가고 있습니다. 어리고 귀여운 초등학생이 아니라 이젠 제법 어른 흉내도 내는 고등학생이 되었지요. 착하고 말도 잘 듣던 동생이 언제부턴가 무뚝뚝해지고 목소리도 바뀌고 행동도 거칠어져 갔습니다. 가족들의 말에도 공격적이고 부정적으로 맞받아치고, 표정도 행동도 그렇게 변해갔지요.

저도 비슷한 시기에 사춘기를 겪었기 때문에 처음에는 어느 정도 이해도 되었고 유대감도 있었지요. 하지만 제가 대학에 입학하고 나서부터는 동생의 사춘기를 이해할 수 없었습니다. 반항적이고 공격적인 동생의 말과 행동에 부모님과 나는 눈살을 찌푸리게 되었고, 동생의 입장보다는 부모님의 입장에서 생각하게 되었죠.

'왜 저런 반응을 보일까?'

'왜 저런 생각을 할까?'

동생을 이해하고 싶었지만 형의 입장에서 화를 내곤 했습니다. 부모님이 타이르거나 화를 내는 것을 좋은 의도로 받아들이지 못하고 화만 내는 동생의 모습을 보면서 참 답답했습니다.

처음에는 제가 나섰습니다. 그래도 부모님보다는 동생이 저에게 더 유대감을 느낄 것이라 생각했기 때문이지요. 하지만 각자 학교며 학원이며 다니느라 얼굴을 마주하는 날이 일주일에 몇 번 되지 않으니 자연스레 소원해졌습니다. 길에서 만나도 모른 체 하거나 대충 인사하며 지나치는 경우가 많았습니다. 대화를 시도하려 했지만 그조차도 거부하는 동생의 거친 반응에 저 또한 점점 지쳐갈 수밖에 없었지요. 부모님도 그저 동생이 요구하는 것을 들어줄 뿐, 더 이상의 잔소리나 대화는 시도조차 하지 않으셨습니다. 그렇게 동생은 저희 가족 사이에서 섬이 되어가는 것 같았습니다.

하지만 시간이 지나자 동생도 사춘기의 긴 터널에서 빠져나오기 시작했습니다. 두 마디 이상의 대화를 할 수 없었던 동생이 달라지기 시작한 거죠. 퉁명스럽기만 하던 동생이 조금 더 부드럽고 다정한 말투로 얘기하기 시작했습니다. 먼저 묻지 않으면 답해주지도 않던 모의고사 성적을 먼저 와서 말해주기도 하고 학교에서 있었던 이야기를 들려주기도 했습니다. 얼마 전 사춘기 때의 모습은 찾아볼 수 없을 정도로 변한 거죠.

동생 역시 마음대로 되지 않는 마음 때문에 애를 먹고 툭하면 나오는 거친 말들을 어쩌지 못했을 겁니다. 자신에게 일어나는 신체적, 정신적 변화에 적응하는 과정에서 생긴 돌발행동들이었겠죠. 동생이 사춘기를 지나 다시 다정한 그 녀석으로 돌아왔을 땐 오히려 혼자 힘들었을 동생을 도와주지 못했던 게 미안해지더라구요. 동생과 잘 지냈던 당신이라면 부모님보다 동생을 더 잘 이해할 수 있을 겁니다. 동생이 기대만큼 순순히 따라주진 않겠지만 그래도 자신의 사춘기 시절을 떠올리며 조금만 봐주세요. 동생도 당신이 사춘기 때 많은 걸 양보하며 지냈을지도 모르잖아요. 동생이 질풍노도의 시기를 겪은 후, 좀 더 어른스러워지기를 기대하며 형의 관대함을 보여줄 때입니다. 아무리 밉다고, 아무리 큰 잘못을 했다고 해도 여전히 내 동생이니까요. 언젠가 동생은 이 험한 풍랑을 지나 항구에 이르러 닻을 내리고 성숙한 모습으로 가족의 품에 안기겠죠. 그때 당신은 그의 감사인사를 흐뭇하게 받아도 좋을 것입니다.

## 늙어가는 아버지의 주름이 문득 눈에 들어올 때

대학생이라는 신분은 묘하다. 분명 나이로는 자신을 책임져야 할 어른인데도 아이처럼 부모님께 매달리기 때문이다. 언젠가부터 아버지의 눈가에 자리 잡은 주름살이 눈에 들어온다. 하지만 당장 돈을 벌지도 못하고 책과 씨름해야 하는 현실이 착잡하다. 아버지를 힘들게 하려고 대학에 온 건 아니었는데….

자애로운 낯빛은 봄바람 같은데
도리의 열매는 보지 못했네.
어진 자식은 효성이 그지없어
종신토록 피눈물을 다 울었어라.
참으로 알겠으니, 증자 민자의 심정은
효도하려 해도 미칠 수 없음을.
나 살면서 평생 아픈 가슴 품으리니
이 마음 어찌 차마 말하리오.
재배드리고 만사를 짓는데

서러움이 북받쳐 부질없이 눈물만 훔치네.

_어머니를 가슴에 묻으며(鄭松江母夫人挽章, 성혼)

慈顔如春風 不見桃李實
賢子孝無窮 泣盡終天血
固知曾閔心 欲孝有不及
吾生抱永感 此意那忍說
再拜寫薤章 情動空掩泣

【출전】《우계집》 권1 【작자】 성혼(成渾): 1535(중종30)~1598(선조31). 자는 호원(浩原), 호는 우계(牛溪), 묵암(默庵). 본관은 창녕(昌寧). 시호는 문간(文簡). 1551년(명종6) 생원진사시에 합격했다. 이조 참판, 대사헌 등을 지냈다. 저서로 《우계집(牛溪集)》이 있다. 【주석】 慈顔(자안): 어머니의 자애로운 낯빛. 어머니를 자친(慈親), 자당(慈堂)으로 부르는 데서 온 말이다. ○桃李實(도리실): '桃李'는 봄에 피는 복사꽃 오얏꽃의 열매. ○終天(종천): 종신. ○曾閔心(증민심): 공자의 제자였던 증자와 민자는 모두 부모에 대한 효성으로 유명했다. ○永感(영감): 부모가 돌아가신 뒤 자식이 평생토록 마음 아파하는 것을 말한다. ○薤章(해장): 만사, 만장. 옛날 만사에 '해로(薤露)'라는 작품이 있는 데서 유래한다. 부추에 내린 이슬은 날이 밝으면 사라진다는 데서 인생의 유한함을 서러워한 노래다.

## 더 늦기 전에 사랑하다고 말해보세요

저에게 아버지는 강인하고 못해내는 것이 없는, 큰 산 같은 존재였습니다. 저보다 키도 크고 물건이 고장 나면 뚝딱뚝딱 잘 고쳐내시는 만능맨인데다 무엇이든 모르는 게 없었습니다. 제가 잘못했을 때는 호되게 혼내셨는데 그럴 때마다 정말 무섭고 어렵게 느껴지기도 했습니다. 저에게는 늘 크게만 보이는 분이셨고, 한없이 어려운 존재였지요.

그런데 제가 어느덧 스무 살이 넘어 문득 아버지를 보니 전과 달리 부쩍 나이가 든 모습이었습니다. 어릴 적 내가 봐오던 아버지는 늘 굳세고 대담하고 용감한 모습이었는데, 지금의 아버지는 한없이 작아져 있었습니다. 사춘기를 겪으면서 짜증과 반항이 늘어나자 아버지는 저희 눈치를 보시기도 하셨고, 예상치 못한 까칠한 반응이 돌아올 때면 상처받은 듯한 모습이었습니다. 이젠 드라마가 삶의 낙이 된 아버지의 모습을 발견하게 되었죠. 세월이 가고 제가 자라는 것과 동시에 아버지도 점점 나이 들고 있었던 것입니다. 아버지의 흰 머리와 주름이 철이 조금 든 지금에야 눈에 보이더군요.

문득 반성하게 되었지요. 사춘기랍시고 제가 저질렀던 불효막심한 행동들이 주마등처럼 스쳐지나갔습니다. 아버지가 늙어갈 것을 저 밖에 모르던 그땐 깨닫지 못했죠. 어릴 적 아버지만 생각하며 언제나 큰 산처럼 거기 계실 줄로만 알았죠. '먼 훗날 부모님과 함께 살 수 없다면, 나 혼자 남겨지면 그땐 난 어떻게 살아갈까.' 덜컥 겁이 났습니다. 계실 때 잘해야겠다는 생각이 들었습니다.

부모님의 흰 머리가 눈에 들어오기 시작하다는 건 이젠 우리가 많이 컸다는 걸 의미하지요. 그만큼 책임감도 생기고 조급함도 생기기 마련입니다. 아직은 부모님께 학비며 용돈이며 기댈 수밖에 없어 답답한 마음이 들죠. 요즘 학비가 만만치 않으니까요. 힘들더라도 부모님을 생각하는 기특한 마음을 지금 당장 표현하는 게 좋습니다. 먼 훗날 호강시켜드리겠다는 약속이 아니더라도 기쁘게 해드릴 일이 많습니다. 지금까지도, 그리고 앞으로도 부모님은 큰 버팀목으로 곁에 계셔주실 거예요. 우리의 몫은 부모님이 힘들 때 기댈 수 있도록 잘 성장하는 것입니다.

성혼이 어머니를 보내면서 지은 시를 보면 그는 어머니와 함께 지낸 시간을 돌이켜보면서 크게 후회하고 있죠. 내리사랑은 있어도 치사랑은 없다는 말처럼 부모님께 받은 은혜를 갚기란 쉽지 않을 겁니다. 나중에 돈 많이 벌어서 경제적으로 봉양을 하는 것도 중요하겠지만 작지만 큰 힘이 될 정신적인 봉양부터 시작한다면 나이 드신 부모님의 모습을 볼 때 서글픔보다는 작은 효도의 기쁨을 느낄 수 있을 겁니다. 오늘 따뜻한 말 한 마디로, 야무진 어깨 안마로, 부모님께 작은 웃음을 선사해 보는 것 어떨까요.

## 사람에 대한 미움이 깊어져갈 때

사람이 싫어진다. 순간순간 끓어오르는 인간에 대한 경멸과 혐오를 참을 수 없다. 그러다 내가 좋아하는 사람도 싫어지고, 나아가 나 자신도 싫어진다. 사람이란 알수록 실망감을 안겨주는 존재라는 생각이 든다. 누군가와 시간을 같이 보낼수록 그의 추악함만 보이고, 또 그런 추악함만 바라보는 나를 보면서 스스로 역겨워한다. 내가 혹시 비정상은 아닐까? 혹여 내가 모자란 부분이 있더라도 서로 감싸주는 누군가가 있으리라 기대하지만, 그런 마음을 겉으로 드러내진 않는다. 속마음을 숨긴 채 살아가도 아무렇지 않기 때문이다.

만물은 본래 허물이 없거든
내 마음이 헛되이 자신을 애태우네.
가을 하늘 공활하게 해맑거니와
밝은 달은 가느다란 터럭까지 비추누나. _느낌(有感, 최창대)

萬物本無累 一心徒自勞
秋空廓澄霽 朗月照纖毫

【출전】《곤륜집》 권4 【작자】 최창대(崔昌大): 1669(현종10)~1720(숙종46). 자는 효백(孝伯). 호는 곤륜(昆侖), 창괴(蒼槐). 본관은 전주(全州). 1687년(숙종13) 생원시와 진사시에 합격했다. 대사성을 지냈다. 저서로 《곤륜집(昆侖集)》이 있다. 【주석】 累(루): 허물, 죄, 잘못, 나아가 티끌이라는 뜻. ○一心徒自勞(일심도자로): '一心'은 1구의 '萬物'과 상대해 나

의 마음을 말한다. '一'은 절대적이라는 뜻으로 붙이는데, 예를 들어 '일리(一理)'가 그 경우다. '自勞'는 자신을 수고롭게 괴롭힌다는 뜻이다. ○秋空(추공): 가을 하늘. ○澄霽(징제): '澄'은 맑다, 깨끗하다. '霽'는 구름이 걷혀 개다, 합쳐서 해맑아지다는 뜻이다.

## 사람, 평가가 아닌 이해의 대상

사람이란 선하면서도 악한 부분이 있는 이중적인 존재입니다. 악한 부분을 줄이기 위한 본인의 노력과 제어가 필요한데, 이것이 잘 되지 않을 때는 사회적으로 물의를 일으키게 되지요. 사람은 누구나 결점을 가지고 있습니다. 결점을 발견할 때마다 멀리해버린다면 평생 관계를 맺을 수 있는 사람이 과연 몇이나 될까요.

다양한 성격을 지닌 사람들을 오로지 자신의 기준에 맞추어 판단하는 것은 바보같은 짓일 수 있습니다. 그들의 입장에서 보면 나 또한 그들의 기준에는 맞지 않는 사람일 수도 있으니까요. 각자의 잣대로 사람을 판단하기 보다 그들을 있는 그대로 인정하고 받아들이는 자세가 필요합니다. 70억 인류는 각자 고유한 특성을 지니고 있고, 각자의 가치관으로 인생을 살아갑니다. 그러다 나와 다른 타인을 만나면서 관계를 맺고 상호작용을 하고 서로 단점을 보완하면서 사회를 만듭니다. 자신과 자신의 행동에 대해 믿음과 책임감을 가지고 조금 더 넓은 마음으로 상대를 대한다면 지금보다 더 많은 사람을, 나아가 자신을 포용할 수 있을 거예요.

무엇이든 단정하거나 지레 겁먹고 포기하지 마세요. 당신이 생각하는 옳고 그름의 판단 기준은 결코 절대적일 수 없으니까요. 혜민 스님께서 이런 말씀을 하셨습니다.

"내 마음의 틀에 딱 맞으면 그는 착한 사람이고, 내 마음에 맞지 않으면 착하지 않은 사람입니다. 그러고 보면 내 마음이 있고 나서 착한 사람 나쁜 사람이 생겼지, 착하고 나쁜 것이 따로 본래부터 존재한 것이 아닙니다."

사람에 대한 판단은 내 마음이 일으키는 작용입니다. 정해진 틀에 넣어 구분 짓고 나누는 것보다 각자의 부족한 부분을 보듬어주고 보살펴준다면 세상이 조금 더 살만해지지 않을까요.

점점 더 각박해지는 이 세상에서 물질적으로 편을 가르고 싸우는 것도 모자라 마음까지 사람을 구분 짓고 경계해야 한다면 너무 서글프겠죠. 모든 근심과 걱정은 자신의 마음으로부터 일어납니다. 만물은 서로 조화롭게 어우러지는데 이를 부자연스럽게 만드는 것도 결국 내 마음이라는 것이지요. 최창대도 자신의 마음이 만물을 보는 것에 가장 큰 영향을 미친다는 것을 알고 시를 남겼습니다. 눈이 아니라 마음을 통해 보고 있다는 거죠.

실수도 하고 상처도 주면서 살아가는 것이 인생입니다. 그럴 때마다 인연을 끊어버리기보다는 용서하고 보듬어준다면 따뜻한 세상을 만들 수 있을 겁니다. 타인과의 관계에서 겪는 크고 작은 문제들이 귀찮다고 홀로 지내기보다는 부딪히며 어울려 보세요. 부모님도, 어릴 적 친하게 지내던 소꿉놀이 친구들도 모두 당신의 인생을 만들어 온 바탕입니다. 당신은 결코 혼자서 자라지 않았습니다. 사람에 대해 조금은 여유롭게, 믿음을 가지고 사람냄새 나는 삶을 사시기 바랍니다. 무엇이든 혼자 하기보다 누군가와 함께 나눌 때 더욱 가치 있고 소중해지는 것입니다.

# 갈등하는 친구들 사이에서 나는 어떻게 처신할까

아주 친한 사이였던 친구들이 요즘 삐걱거린다. 알게 모르게 서로 서운하게 여겼던 점이 점점 쌓이다가 이제 산이 되어버린 듯하다. 그 가운데에 끼인 나는 어떻게 처신할 지 고민이 많다. 감정의 골이 더욱 깊어질까 걱정이다. 둘 다 내가 좋아하는 친구들이고, 그 친구들도 원래는 서로 친했기에 언제든 감정을 털어내면 좋아질 관계다. 내가 걱정한다고 해결되지는 않겠지만, 그렇다고 가만히 있을 수도 없다.

눈부신 날 술을 마주하니 매양 한숨 터지고
술과 돈으로 가는 세월을 세 낼 수는 없다오.
부끄러울 손 내 창자를 채운 것은 보리밥이요
그대는 세상에 다시 없는 창포꽃이어라.
파리 모기는 정녕 차 다리는 곳에 적고
벌 나비는 대추나무 시집가는 집에 다투어 요란하네.
눈 가득히 석류는 벌어져 불붙은 듯한데
문 앞으로 삐걱삐걱 시거가 이르누나. _그대는 창포꽃이네(次黃山韻, 김정희)

芳辰對酒每咨嗟 難把酒錢歲月賖
愧我塡腸同麥飯 如君稀世是菖花
蠅蚊應少拈茶處 蜂蝶爭喧嫁棗家
滿眼石榴開似火 門前轣轣到詩車

【출전】《완당집》 권9【작자】김정희(金正喜): 1786(정조10)~1856(철종7). 자는 원춘(元春). 호는 완당(阮堂), 추사(秋史), 승설도인(勝雪道人), 예당(禮堂), 시암(詩庵), 과파(果坡), 노과(老果) 등이 있다. 본관은 경주(慶州). 1809년(순조9) 증광생원시(增廣生員試)에 급제했다. 성균관 대사성 등을 지냈다. 저서로《완당집(阮堂集)》이 있다.【주석】芳辰(방신): 좋은 날, 아름다운 날, 눈부신 날. ○咨嗟(자차): 혀를 차며 탄식하다. 한숨을 짓다. ○歲月賖(세월사): 세월을 세내다. 즉 세월을 늘이다. 더 오래 산다는 뜻이다. ○菖花(창화): 창포꽃. ○蠅蚊(승문): 파리와 모기. ○拈茶(염다): 차를 집다. 즉 차를 달이는 것을 뜻한다.

○嫁棗(가조): 대추나무 시집보내기. 도끼로 가지의 일부에 상처를 주거나 갈라지는 부분에 돌을 끼워두어 개화와 결실을 촉진하는 것을 말한다. ○轢轢(역력): 수레가 삐걱대며 굴러오는 모양. ○詩車(시거): 시를 짓는 행위를 수레에 비유한 것이다.

## 마음과 마음을 잇는 우정의 다리

예닐곱 살부터 꾸준히 사귀었던 그 친구들은 다 어디 간 거지? 분명 그땐 하루라도 같이 못 있으면 몸살이 날 것 같던 사이였는데 지금은 생각도 잘 나지 않죠. 그렇다고 해서 그 친구들에게 서운함을 느끼거나 굳이 다시 찾고 싶은 생각은 들지 않아요. 그저 어디선가 잘 살고 있겠지, 생각할 뿐이죠. 친구란 결코 없어서는 안 될 존재 같지만 쉽게 멀어지기도 합니다. 이사를 가거나 반이 바뀌거나 취미가 달라지거나 다른 친구가 더 좋아지거나 하는 사소한 이유로 말이죠. 수많은 우여곡절 거치면서 함께 살아남은 친구는 어느새 인생에서 아주 소중한 존재로 바뀌어 있겠죠. 그걸 인식하기 시작하면 이제 그 친구와의 우정은 지키는 단계로 접어들게 됩니다. 대학생이라면 살아남은 우정은 손에 꼽을 정도일지 몰라요. 이어나가려는 노력이 필요합니다.

세월을 견뎌준 소중한 두 친구의 갈등이 매우 안타까울 거예요. 물론 그 둘이 서로 보지 않는다고 해서 당신과의 관계도 끊기는 건 아니겠지만 조금은 불편해지겠죠. 양쪽 모두 친한 친구이기 때문에 가운데 끼인 상태로 어느 한쪽 편만 들 수도 없고요.

하지만 두 사람의 관계는 결국 그들 스스로 해결할 문제입니다. 제3

자가 할 수 있는 것은 한계가 있어요. 하지만 당신은 우정을 소중히 여기는 사람이기에 끝까지 노력하고 싶을 거예요. 우선 둘 사이에 오해가 없는지 이야기를 잘 보세요. 오해로 멀어진 것이라면 너무 억울하잖아요. 가까운 사이일수록 상대방을 잘 알고 있다고 착각하기 쉽습니다.

'쟨 원래 저런 애야.'

그런 편견을 가지고 있을 수도 있습니다. 깊은 이야기를 들어보기 전에는 친구의 마음을 다 안다고 할 수 없습니다. 그런 오만으로 오해가 생겨서는 안 되죠.

〈그대는 창포꽃이네〉를 보면 친구를 아름답게 바라보며 함께 하고픈 마음이 드러납니다. 어떤 갈등을 풀기 위해서라면 서로를 아름답게 바라볼 수 있는 여유와 마음을 갖는 것이 중요합니다. 친구란 또 다른 나라는 말이 있죠. 내 마음처럼 함께 웃고, 함께 울어줄 소중한 친구는 참으로 드뭅니다. 그런 친구를 잃게 되면 내 몸 한 부분이 없어진 것처럼 허전하고 후회스러울 겁니다. 지난날 함께 서로의 곁을 지켜주었던 친구들이잖아요.

친구사이지만 의외로 속마음은 내비치지 않는 경우도 많아요. 사람 성격마다 다른 거니까요. 서로 서운했던 점을 털어놓을 수 있는 자리가 마련되면 의외로 쉽게 갈등은 해소될 수 있을지 모릅니다. 산처럼 높이 쌓였다고 생각했던 응어리가 알고 보니 뽑아내면 그만인 잡초 같은 것일 수도 있죠. 세 사람이 서로 얼굴 보며 못했던 얘기를 나누면서 좋지 않은 감정은 털어내고, 더 깊고 돈독한 사이가 되길 바랍니다. 비온 뒤에 땅이 더 굳는 것처럼 말이지요.

# 속으론 싫으면서 겉으론 좋은 척 연기하는 것이 보일 때

누군가를 미워하면 내 자신이 오히려 힘들어서 웬만하면 좋은 관계로 지내려고 노력한다. 그런데 사람들은 속으로 싫어하면서도 겉으로는 그렇지 않은 척한다. 언젠가부터 그런 가식적인 모습이 내 눈에 보인다. 차라리 좋으면 좋다, 싫으면 싫다고 했으면 좋겠다. 나를 좋아하지 않는 사람들이 나를 좋아하는 것처럼 말하는 것도 싫다.

성난 두 팔 서로 버티며 깎아지른 벼랑 곁했으니
아마도 떨어져 가루되기는 눈 깜짝할 사이리라.
불쌍타, 이롭고 해로움이 서로 드러나는 곳에서
그저 남의 실낱같은 터럭만 보고 제 몸은 못 보네. _싸우는 사람들(鬪者, 권구)

怒臂相交千嶙側 懸知飄碎在須臾
可憐利害相形處 只見絲毫不見軀

【출전】《병곡집》 권1, 병산잡록. 【작자】 권구(權榘): 1672(현종13)~1749(영조25). 자는 방숙(方叔). 호는 병곡(屛谷). 본관은 안동(安東). 저서로 《병곡집(屛谷集)》이 있다. 【주석】 怒臂相交(노비상교): '交'는 만나다, 어울리다. 여기서는 성난 팔뚝이 부딪혀 싸우는 것을 두고 말한다. ○千嶙側(천린측): 아주 높은 벼랑이 바로 옆이라는 뜻이다. '嶙'은 가파른 벼랑. '千'은 많다는 뜻이다. 즉 깎아지른 벼랑을 바로 제 옆에 두었다는 말이다. ○懸知(현지): 헤아리다. 미리 알다. ~하게 되리라. '懸'은 멀리라는 뜻으로, 앞으로 일어날 일을 짐작하다는 뜻이다. ○須臾(수유): 아주 짧은 시간. 눈 깜짝 할 사이. ○可憐(가련): 불쌍하다, 안타깝다. 가련하다. ○相形(상형): 서로 드러나다. 즉 서로 대조되다, 비교되다는 뜻이다. ○只見絲毫不見軀(지견사호불견구): '絲毫'는 실낱이나 터럭처럼 아주 작은 이익, '軀'는 자신의 생명을 말한다. 혹은 남의 작은 허물과 나의 큰 잘못을 견준 것으로 봐도 좋다.

# 언젠가 진심은 통하니까요

생각이 깊어지고 시야가 넓어지면서 우리의 얼굴 또한 두꺼워지는 것 같습니다. 긍정적으로는 배포라고도 할 수 있지만, 한편으로는 뻔뻔함이라고 부를 수도 있습니다. 초등학교 때 저는 남자 친구와 크게 싸워 선생님께 불려가 혼난 적도 있고 여자 친구들과도 별 일 아닌 것 가지고도 말다툼을 하고 다시 화해하기 일쑤였죠. 하지만 초등학교를 졸업하고 중학교, 고등학교로 올라가면서 친구들과 말다툼을 하거나 싸우는 일은 해가 더해가는 것과 반비례했습니다. 나이가 많아지면 자존심도 높아져서 그런 걸까요? 한 번 싸우면 좀처럼 예전의 관계로 돌아가기가 어려워 그 뒤부터는 친구와 싸울 것 같은 느낌이 들면 먼저 한 발짝 물러나게 되더라구요.

초등학교 때는 잘 몰랐는데 사춘기가 지나고 가치관이라든가 자신의 특성이 형성되고 나니 분명 나와 맞지 않은 친구들이 있다는 것을 깨닫게 되었죠. 어떤 친구와는 사사건건 생각이 달라 체육대회나 환경미화 등 학급전체가 단합해야 하는 일이 있을 때면 알게 모르게 미묘한 신경전을 벌인 적도 있었습니다. 우리 둘 다 서로 신경전을 벌이고 있음을 눈치 채고 있었죠. 하지만 겉으로는 드러내지 않았어요. 싸우고 나면 너무 불편하고 껄끄러워지거든요. 저랑 그 친구뿐 아니라 다른 친구들까지 말이죠. 다시 안 볼 사이도 아니고 일 년, 어쩌면 졸업할 때까지 계속 봐야 할 친구이니까요.

살아가면서 다양한 사람을 만나게 되고 그 중에는 정말 잘 맞아서 늘 함께하고 싶은 사람도 있을 것이고 반면에 '저 사람은 좀 별로인 것 같아'. '나와 맞지 않아, 자주 안 만났으면 좋겠다.' 싶은 껄끄러운 사람도 있을 것입니다. 하지만 한 번 보고 말 사람들이 아니니 사소한 일로 크게 싸움을 하지는 않을 것입니다.

권구의 〈싸우는 사람들〉처럼 자신이 부서질 줄 모르고 어리석게 싸우는 이들은 상대를 진심으로 대하지 않죠. 저마다 가면을 하나씩 쓴 채로 마주할 뿐입니다. 하지만 겉모습이 아닌 그 사람을 대하는 당신의 속마음은 어떤가요? 당신의 마음도 그 사람에게 진심으로 향하고 있나요?

가식은 어느 정도 존재할 수밖에 없다고 생각합니다. 속마음과 행동이 똑같기를 바라는 것도 무리고요. 당신의 마음은 당신의 것이니 당신이 변해보는 건 어떨까요? 힘들겠지만, '저 사람은 왜 저럴까?' 하는 마음을 버리고 당신이 먼저 그 사람의 입장에 서서 생각해 보세요. 그리고 한 사람 한 사람 대할 때마다 진심을 담으려고 노력해 보세요. 진심은 통하는 법입니다. 지금 당장은 아니더라도 말이에요. 진심은 분명 상대에게도 전해질 것이고, 당신의 진심을 느끼게 된 그 역시 당신에게 한 발 더 다가가 자신의 진심을 보여줄 것입니다.

## 어디선가 들려온 뒷담화로 인해 배신감을 느꼈을 때

나는 사람을 만나면 최선을 다해 대하고 아낌없이 주었을 때 비로소 만족한다. 그래야 후회하지 않는다. 그런데 어느 날 누군가 뒤에서 나를 욕하는 소리가 들려왔다. 나는 정말 진심으로 대했던 사람인데 어떻게 이럴 수가 있지? 속으로는 날 싫어했던 걸까? 그렇다면 차라리 내 앞에서 할 것이지 뒤통수를 치다니! 배신감마저 든다.

들판은 작고 바람도 약해 마음대로 안 되니
햇빛 아래 살랑살랑 일부러 당겨도 보네.
천하의 회화나무를 깎아 없애고
새가 사라지고 구름 날 듯해야 호연하리라. _종이연(紙鳶, 박제가)

埜小風微不得意 日光搖曳故相牽
削平天下槐花樹 鳥沒雲飛迺浩然

【출전】《정유각집》 정유각초집(貞蕤閣初集) 【작자】 박제가(朴齊家): 1750(영조26)~1805(순조5). 자는 재선(在先), 수기(修其), 차수(次修). 호는 초정(楚亭), 위항도인(葦杭道人), 위항외사(葦杭外史), 정유(貞蕤). 본관은 밀양(密陽). 저서로 《정유각집(貞蕤閣集)》이 있다. 【주석】 이 시는 작자가 10대에 쓴 시라고 한다. ○不得意(부득의): 마음대로 되지 않다, 뜻을 얻지 못하다. ○搖曳(요예): 본래 초목이 바람으로 가볍게 흔들리는 모양. 여기서는 연이 햇빛 받으며 살랑대는 모양을 표현한 것이다. ○故(고): 일부러. ○削平(삭평): 깎아 없애다. ○槐花樹(괴화수): 홰나무 혹은 회화나무. 높이 25미터까지 자라는 교목으로 음력 7월경에 피는데, 이때 과거가 열리기에 회화나무를 '학자수(學者樹)'라고도 부른다. ○鳥沒雲飛(조몰운비): 새가 하늘로 사라지고 구름이 높이 날듯이, 연이 마음껏 날아가는 모양을 표현한 것이다. ○浩然(호연): 거침없고 집착하는 바가 없는 모양. 《맹자·공손추하》에 "나는 그런 뒤에 호연히 돌아갈 뜻을 지니게 되었다[予然後浩然有歸志]"고 하고, 주희는 "물이 흐르는 기세가 멈추게 할 수 없는 모양이다."라고 했다. 여기서는 연의 기상을 말한 것이다.

# 내리는 비에 잠시 어깨가 젖을 뿐

내 모든 것을 아낌없이 주었고 '이 사람만은 나를 이해해주겠지' 하고 믿었던 사람이 정작 뒤에서 나를 욕하고 있었다니, 마음이 얼마나 아팠을까요? '내가 지금껏 뭘 한 걸까?' 하는 후회부터 사람을 믿는 것에 대한 두려움까지, 깊은 상실감과 좌절감에 한순간 모든 것이 허무하게 느껴졌을 거예요. '내가 도대체 무엇을 잘못했기에 그 사람이 나에 대한 욕을 한 것일까?', '저번에 했던 그 말이 상처가 되었을까? 아니면 일주일 전에 했던 그 행동 때문에 마음이 상했던 것일까?' 하고 자신의 행동을 하나하나 돌이켜보면서 고민에 빠져있을 수도 있을 겁니다. 그리고 다음부터는 어떠한 행동을 하거나 말을 할 때마다 '내가 이런 말, 이런 행동을 하면 싫어하지 않을까?' 하고 소심한 생각을 할 수도 있겠죠.

하지만 이 일을 계기로 당신이 상처받거나 자신을 바꾸지는 않았으면 해요. 사람을 진심으로 대하는 것은 좋은 습관이죠. 진심은 통한다고들 하잖아요. 하지만 진심을 이렇게 '반사'하는 사람도 때론 있는 법인가 봅니다. 말이 지닌 힘에 대해서도 간과하지 말아야죠. 무심코 던진 한 마디는 몇 배가 되어 자신에게 돌아온다는 것을요. 언젠가 그는 자신의 가벼운 입을 후회하게 될 것입니다. 그러니 말에 휘둘리지 않기를 바랍니다. 때론 잡음이 더 크게 들리기도 하죠. 그럴 때일수록 마음을 단단히 먹어야 합니다.

비가 무진장 오는 날, 당신은 외출하려 합니다. 당연히 우산을 쓰겠죠. 우산은 많은 빗방울을 막아주겠지만 그중 일부는 당신의 살갗에 닿기 마련이지요. 비 몇 방울 튀는 게 두렵다고 외출을 하지 않을 건가요? 당신은 비를 피하고 싶어 우산을 썼지만, 불행히도 비를 완벽하게 막지는 못한 것입니다. 그 비가 따끔따끔 당신의 마음을 아프게 하지만, 그것은 당신을 성장하게 하는 발판이 될 것입니다. 마음에 큰 상처를 입고, 사람들을 대하기가 꺼려졌을지도 모릅니다. 하지만 비는 또 올 것이고 당신은 우산을 받쳐 들고 나가야 합니다. 당신의 한쪽 어깨가 젖더라도 두려워하지 않아야 합니다.

넘어져 무릎이 까져도, 음식을 잘못 먹어 두드러기가 나도, 급히 먹은 음식에 체해도, 추위에 감기가 들어도 그에 맞는 약은 얼마든지 있습니다. 당신의 마음에 생긴 상처에는 주위 사람들이 좋은 약이 되어줄 거예요. 혼자라고 생각하지 말고, 주위에 있는 사람에게 손을 내밀어보세요. 당신 곁을 지켜주는 사람들이 당신의 연고가 되어줄 것입니다. 어려운 환경 속에서도 날고자 하는 박제가의 〈종이연〉처럼 어떤 비를 맞든 현명하게 슬기롭게 빗길을 헤쳐 나갈 당신을 기대하겠습니다.

## 알 수 없는 이유로 갑자기 친구로부터 외면을 당했을 때

건강에 자신이 없던 나는 스스로 절제하며 생활하는 힘을 길러보려고 집을 나와 학교 앞 친구 집 근처 고시원에서 자취를 했다. 새롭게 운동도 시작하고 혼자서 식습관을 관리하는 일이 쉽지 않았지만 가까이 사는 친구 덕에 잘 해나갈 수 있었다. 심리적으로 힘든 부분도 친구에게 털어놓을 수 있어 큰 힘이 되었다. 그렇게 친구에게 의지하다 보니 자연스레 친구 집을 자주 드나들게 되었는데, 어느 날 그 친구가 내게 더 이상 집에 오지 말라고 말했다. 충격이었다. 무슨 일인지도 몰랐다. 갑작스런 친구의 냉대에 술기운에 주사도 부리며 갈팡질팡했다. 일상을 나누던 친구가 한순간에 변할 수 있다는 사실에 사람이 무서워졌다. 세상이 야속했다.

인간에 옳거니 그르거니 넘치니
세상살이 시름도 기쁨도 많아라.

소 등에 앉아 저를 부르는 이여
자연 속에 노닐 손, 나와 자네로세. _소 등에 앉아 저(笛)를 부르는 이여(平郊牧笛, 정철)

人間足是非 世上多憂喜
牛背笛聲人 天遊吾與爾

【출전】《송강집》 권1, 〈척금헌잡영(滌襟軒雜詠)〉 【작자】 정철(鄭澈): 1536(중종31)~1593(선조26). 자는 계함(季涵). 호는 송강(松江). 본관은 연일(延日). 1561년(명종16) 진사시에 합격했다. 홍문관 직제학, 성균관 사성, 대사헌, 좌의정 등을 지냈다. 시호는 문청(文淸). 저서로 《송강집(松江集)》이 있다. 【주석】 人間(인간): 세상. ○是非(시비): 옳으니 그르니 하는 것. ○天遊(천유): 자연의 대도 안에서 노니는 것을 말한다. 《장자·외물》에 "마음이 자연에서 노닐지 못하면 여섯 가지 감정이 서로 해친다[心無天遊則六鑿相攘]"라고 했다. ○爾(이): 너, 자네.

# 다시 누군가에게 손 내밀 수 있도록

제가 아는 한 여학생의 이야기예요. 그녀에게는 1학년 신입생 환영회 때 친해진 세 명의 친구가 있었죠. 대학에 입학하고 처음 사귄 친구들이라 더 정이 갔습니다. 자취를 하는 그녀의 집에서 같이 밥도 해 먹고, 여행도 다닐 정도로 서로 코드가 잘 맞았습니다. 대학친구는 밥 친구일 뿐이라는 이야기는 그녀에게는 해당되지 않았죠. 그런데 다정했던 친구들이 순식간에 등을 돌려버립니다. 다가가면 피해버리고 친구들은 마치 그녀를 없는 사람 대하듯 했어요. 한참 뒤 이유를 알고 보니 이성과 관련된 루머로 인한 오해 때문이었습니다. 하지만 그들의 관계는 이미 걷잡을 수 없이 멀어졌고, 자신의 말은 들어보지도 않은 채 무작정 자신을 외면하는 친구들에 실망하게 되었죠.

믿었던 친구가 한 순간 완전히 다른 사람처럼 행동한다면 너무나 당황스럽고 슬플 거예요. 그래도 혹시 어떤 오해는 없는지, 나도 모르게 큰 실수를 저지른 건 아닌지. 그래서 그 친구의 마음을 풀 수 있도록 최대한 노력해보는 게 우선이겠죠. 그런 후에도 친구의 태도가 변하지 않는다면 당신도 조금씩 지칠 테고 서운함을 넘어 미워질 겁니다. 그러니 차라리 미워지기 전에 마음을 접는 것도 방법이라고 생각해요. 누군가를 미워하면 당신 마음도 힘들 테니까요. 사귀던 연인과 헤어지면 '우린 인연이 아니었어' 하는 것처럼 친구사이도 결국은 인연이란 끈 한 쪽을 놓으면 멀어지고 마는 거겠죠. 억지로 친구사이를 이어가려다 당신이 더 상처를 입을까봐 걱정이군요.

사는 동안 인간관계에서 상처받지 않을 수 있다면 그런 행운도 없겠죠. 누구나 살면서 한 번 쯤은 사람 때문에 상처를 받게 됩니다. 피할 수 없으면 결국 받아들여야 할 텐데, 다행히도 사람들은 이 능력을 조금씩은 갖고 태어나는 것 같아요. 이를테면 자존감이나 망각 같은 거겠죠. 자신을 소중히 여기는 마음으로 자신을 지킬 수 있습니다. 나에게 상처를 준 사람 때문에 내가 망가져서는 안 되니까요. 그렇게 나를 지켜가다 보면 어느 새 상처는 조금씩 잊히고 무뎌집니다. 사람에 따라 시간차는 있겠지만 결국엔 다시 누군가를 사랑하고 믿으며 살아가게 되죠. 우리는 그렇게 상처에 대한 면역력이 생기고 나뿐 아니라 상대방을 지킬 수 있는 힘을 갖게 됩니다.

'이 또한 지나가리라.'

고난이 닥쳤을 때 되뇌면 꽤 힘이 되는 구절입니다. 괴롭겠지만 언젠가 과거가 되어 있을 겁니다. 친구 한 명을 잃었지만 그것은 당신의 잘못이 아니잖아요. 자책하지 않았으면 좋겠습니다. 이 세상에 이러쿵저러

쿵 하는 시비의 말들도 넘쳐나고, 셀 수 없이 많은 사람이 당신 곁을 스쳐지나갑니다. 너무 일일이 반응하다 보면 몸도 마음도 피곤해집니다. 더 이상 이어갈 수 없는 인연이라면 깨끗하게 마음을 털어야 후유증이 없을 거예요. 그래야 언젠가 또 다른 누군가에게 용기 내 손을 내밀 수 있지 않을까요.

## 내 어려운 처지를 몰라주는 친구가 야속할 때

나는 학교 앞에서 친구와 함께 자취생활을 한다. 같이 사는 동안 친구 이상으로 가까워진 느낌이 들었다. 친구 부모님도 나를 신뢰하셔서 나와 함께 사는 것을 좋아하셨다. 그러던 어느 날 친구가 집이 마음에 들지 않다고 해서 이사를 하게 되었다. 집에서 용돈을 받는 것도 미안하던 나는 이사비용을 스스로 마련하기가 벅찼다. 아버지가 직접 트럭으로 이삿짐을 옮겨주시고 도배에 장판까지 깔아주셨다. 내가 낼 비용을 아버지가 채워주신 것이었다. 그런데 알고 보니 친구 집은 엄청난 부자였고, 친구는 이미 어머니로부터 이사비용으로 백 만 원을 받았었다. 이사비용 마련하느라 라면으로 끼니를 때웠던 나는 친구의 처사에 화가 났다. 왜 나는 이런 친구를 위해 희생했던 건지, 치사하기도 하고 너무나 야속했다.

인정은 어찌면 저리도 마음 없는 사물과 같은가
경물을 만날 때마다 요사이 점점 평안하지 않네.
우연히 동쪽 울을 보다 부끄러움만 얼굴 가득하나니
진짜 국화가 가짜 도연명을 마주하고 있구나. _국화유감(對菊有感, 이색)

人情那似物無情 觸境年來漸不平

偶向東籬羞滿面 眞黃花對僞淵明

【출전】《목은고》 권19 【작자】 이색(李穡): 1328(충숙왕5)~1396(태조5). 자는 영숙(穎叔). 호는 목은(牧隱). 본관은 한산(韓山). 1341년(충혜왕 복위년) 성균시에 합격했다. 지공거 등을 지냈으며 조선의 벼슬은 사양했다. 저서로 《목은고(牧隱藁)》가 있다. 【주석】 觸境(촉경): 경물을 만나다. '境'은 사람, 사물, 경치 등 나 이외의 모든 것을 뜻한다. ○年來(연래): 해마다, 근래. ○偶向~僞淵明(우향~위연명): '黃花'는 국화를 두고 한 말이다. '僞淵明'은 작자 자신이 도연명을 흉내내고 있음을 표현한 것이다. 이 시구는 도연명의 〈술을 마시다[飮酒]〉(제5수)에 "동쪽 울 아래 국화를 따다가 그윽이 남산을 바라보네[採菊東籬下, 悠然見南山]"라고 한 데서 유래했다. 이 시는 자신이 있는 곳은 외져도 마음은 심원한 경계를 추구하는 자득한 정신세계를 보여준다. 이색이 추구하는 정신경계가 바로 여기에 있음을 반어적으로 보여준 것이다.

## 우정을 지키는 방법

흔히들 사랑하는 사람이나 친구와는 금전적인 관계를 맺지 않는 것이 현명하다고 합니다. 우리 사회에 만연한 배신의 뿌리가 대부분 돈이기 때문이겠죠. 친구관계는 아무런 사심 없이 어떠한 보상도 바라지 않는 순수한 인간관계입니다. 하지만 역시 돈이 개입되면 오염될 수밖에 없겠죠. 요즘은 돈 때문에 사람을 잃는 경우가 너무 흔합니다. 돈을 빌려가서 안 갚는 사람도 원망스럽지만, 돈을 빌려주는 사람도 너무 쉽게 우정을 담보로 잡습니다. 돈이야 다시 벌면 되지만 한번 틀어진 사람 사이는 되돌리기 힘들 텐데, 결국 돈은 돈대로 친구는 친구대로 잃게 되는 안타까운 상황이 발생하죠.

참 난감한 상황에 놓였군요. 자칫하면 되레 치사하다는 말도 들을 수 있겠는걸요. 당신 입장에서는 친구가 더 치사한 인간이겠지요? 당신은 없는 형편에도 제대로 이사하려고 노력했는데 친구는 돈이 있으면서도 내놓지도 않다니요. 친구가 좀 이기적이었던 것 같네요. 이 일로 당신은 더 이상 친구를 신뢰하지 않을 수 있을 거 같기도 하고요. 아니면 그저 조금 괘씸한 정도로 여길 수도 있겠죠. 후자라면 당신 성격이 참 좋은 거죠. 이 사건은 결국 당신이 친구를 용서 하느냐 마느냐에 달린 것 같은데, 계속 친구사이를 유지할 생각이라면 쿨하게 용서해 주세요. 그리고 "야! 몇 달치 공과금은 네가 내!" 하고 선을 그어 버리세요. 그래야 그 억울한 감정이 좀 풀릴 걸요.

이 사건이 잘 마무리되면 당신은 다시 한 번 이 친구와의 우정을 지키는 방법에 대해 고민해 볼 필요가 있습니다. 가령 잘 떠벌리는 친구가 있다고 생각해 봅시다. 언젠가 비밀을 한 번 얘기했더니 온 동네방네 알리고 다녀 당신은 곤혹을 치렀죠. 그럼에도 당신은 친구와의 우정을 지키고 싶습니다. 그렇다면 어떻게 해야 할까요? 그 친구에겐 다시는 당신의 비밀을 털어놓지 말아야 합니다. 비밀을 얘기해주면 그 친구는 또 소문을 낼 거고, 결국 당신은 그 친구가 싫어질 수밖에 없습니다. 당신의 은밀한 이야기는 입이 무거운 친구에게 털어놓으면 됩니다. 화근을 없애자는 얘기죠. 당신도 돈 문제에 관한 한 이 친구에 대한 신뢰도가 많이 떨어졌을 겁니다. 이 친구와 돈 문제로 얽히면 또 감정이 상하게 될 거예요. 그러니 이 친구에게는 절대로 돈을 빌려줘서도 빌려서도 안 됩니다. 그래야 오래갈 수 있어요. 더불어 같이 사는 것도 다시 한 번 생각해 봐야겠죠? 산다는 건 생활한다는 뜻이고 생활을 하기 위해서는 돈이 들어가니까요.

똑같은 국화를 보고도 당나라 시인과 고려 문인은 각자 다른 생각을 할 수 있는 법입니다. 돈이라는 눈앞의 안개 속에서 길을 잃고 헤매지 마세요. 돈 때문에 소중한 우정이 무너지면 안 되겠지요. 어떻게 하면 오랜 우정을 지킬 수 있을지 잘 생각해 보시고 친구와 시원한 맥주라도 한잔 하면서 서운했던 마음을 표현해 보세요. 돈 때문에 좋은 친구를 잃을 뻔 했구나, 하고 그 친구는 무릎을 칠 거예요. 맥주는 꼭 그 친구가 사도록 하고요.

## 가슴에 친구를 묻고서 아무렇지도 않게 밥을 먹는 나를 보면서

너무도 빨리 찾아온 죽음이었다. 겨우 스물이 넘은 나이였다. 이제 겨우 마음을 주고받았는데, 아직도 우리는 할 말이 많고 할 일도 있건만, 그렇게 친구는 세상을 떠났다. 나는 슬픔에 젖어 아무것도 할 수 없을 줄 알았다. 그런데 배가 고파오자 아무렇지도 않은 듯 식당 쿠폰 자판기에 지폐를 넣었다. 순간 거울을 들여다보니 내가 있었다.

갈옷 벗던 그해 이군을 모셨는데
봄날의 자리에 절로 온기가 생겼네.
처음 놀랄 손, 계곡 가 측백이 하늘 곧추 솟았더니
끝내 보았네, 구름을 나는 붕새가 바다를 이끌어 뒤집음을.
한 해가 저물자 샛바람은 차갑기가 을씨년스럽고
하늘이 흐려지자 울의 참새는 꼬락서니가 시끄러워라.
만사에도 감히 또렷하게 말하지 못하나니
야박한 인심들 남의 틈을 엿보아 말 만들기 좋아서라네.

_측백 같고 붕새 같던 그대를 보내며(漢陰挽, 이항복)

釋褐當年御李君 陽春座上自生溫
初驚磵柏昻霄直 竟見雲鵬掣海翻

歲暮北風寒栗冽 天陰籬雀姿喧煩
哀詞不敢分明語 薄俗窺人喜造言

【출전】《백사집》 권1 【작자】 이항복(李恒福): 1556(명종11)~1618(광해군10). 자는 자상(子常). 호는 동강(東岡), 백사(白沙), 소운(素雲), 필운(弼雲), 청화진인(淸化眞人). 본관은 경주(慶州). 1575년(선조8) 진사 초시에 합격했다. 예문관 검열, 홍문관 제학, 영의정 등을 지냈다. 저서로 《백사집(白沙集)》이 있다. 【주석】 한음(漢陰): 이덕형(李德馨)의 호. 1561(명종10)~1613(광해군5). 자는 명보(明甫), 호는 한음 이외에 쌍송(雙松)·포옹산인(抱雍散人) 등이 있다. 저서에 《한음문고(漢陰文稿)》가 있으며, 시호는 문익(文翼)이다. ○釋褐(석갈): 갈옷을 벗다는 뜻으로, 곧 벼슬하다는 말이다. ○御(어): 모시다. 본래 길에서 말고삐를 잡고 수레를 몬다는 뜻이다. ○陽春(양춘): 봄날, 여기서는 이덕형을 두고 한 말이다. ○栗冽(율렬): 서늘하다, 냉랭하다, 을씨년스럽다. ○哀詞(애사): 죽은 이를 애도하는 만사를 말한다.

# 그의 몫까지 한 발 더 내딛어

인생은 만남과 이별의 연속입니다. 흐르고 흐르는 시간 속에서 누군가와 만나기도 하고, 이별을 겪기도 합니다. 만남의 즐거움만 있다면 얼마나 좋을까요? 만남은 이별의 순간을 동반합니다. 그 중에서 죽음으로 맞이하는 이별은 가장 충격적이고 가슴이 아프지요. 보고 싶어도 다시 만날 수 없으니까요.

중학생 시절, 같은 반 친구가 병으로 먼저 세상을 떠났습니다. 하필이면 학교에 큰 행사가 있기 전이었지요. 막역한 친구는 아니었지만 그 소식을 듣자 저도 모르게 가슴이 먹먹해졌습니다. 그리고는 반 친구들과 무척이나 울었습니다. 그런데 목이 말라오자 옆에 있던 과일을 아무렇지 않게 먹게 되더라고요. 인간의 본능이 무섭다고도 생각했지요. '아 이렇게 아무렇지 않은 듯 먹고 떠들어도 괜찮을까?' 죄책감이 느껴졌습니다. 하지만 먼저 간 친구가 음식을 먹는 제 모습을 미워하진 않을 거란 생각이 들었습니다.

"예전보다 더 많이 웃고, 더 잘 지내." 제가 만약 당신의 친구라면 이 말을 해주고 싶을 것 같습니다. 친구의 죽음으로 식음을 전폐하고 앓아누워 일상생활조차 하지 못한다면 먼저 간 친구는 더 마음이 아플 거예요. 친구의 부재에 슬퍼하는 것은 당연합니다. 하지만 그 애도가 자신의 생활을 망가뜨릴 정도라면 지나친 거겠죠. 죽음을 이해하긴 하지만 받아들이기에는 엄청난 고통이 따르지요. 하지만 상실로 생긴 슬픔은 언젠가는 아물게 됩니다. 고통도 시간이 지난 후에는 사라질 겁니다. 당신은 살아있습니다. 살아있는 당신은 앞으로도 이 세상을 살아가야 합니다. 우리는 죽는 것을 알고서도 살아가고 있습니다. 배가 고프고 밥을 먹는다는 것은 어쩌면 긍정적인 상황입니다. 당신은 이제 죽음을 이해했고 그것을 받아들이고 한층 더 성숙하게 삶을 대할 준비가 된 것이라고 생각됩니다.

저는 가족과도 같은 반려동물의 죽음을 지켜보았습니다. 처음에는 밥을 먹을 기분도 나지 않고 울기만 했습니다. 하지만 생각했습니다. 죽음은 피할 수 없는 것이고, 어쩌면 그는 더 좋은 곳으로 간 것일 수도 있고 새로운 삶의 과정을 향해 나아간 것이라고. 예전처럼 밥도 잘 챙겨 먹고 웃기도 했습니다. 마냥 울기만 하는 것은 죽은 자에 대한 예의가 아니라고 생각했기 때문입니다. 모든 생명은 한 번의 죽음을 거치게 됩니다. 반려동물의 죽음을 통해 생명을 이해하는 시간을 갖게 되었습니다. 제 삶에서 한 층 더 성숙할 수 있는 계기를 얻은 것이죠.

산과 하늘은 수많은 생사를 지켜보았습니다. 그것에 마음이 있다면 아마 〈측백 같고 봉새같던 그대를 보내며〉에 나오는 마음과 같을 겁니다. 우리에게 주어진 하루는 언젠가 누군가 부러워할 내일일지도 모릅니다. 일어나세요. 친구의 몫까지 한 걸음 더 내딛기를 바랍니다.

## 오랫동안 연락이 끊겼던 친구가 문득 생각이 날 때

어느 날 문득 떠오르는 옛 친구. 사소한 일로 연락을 끊은 것이 마지막이 될 줄은 몰랐다. 지금쯤 뭘 하고 지낼까? 계절이 바뀌는 지금, 갑자기 생각난다. 이유는 모르겠다. 밥을 먹다 돌을 씹은 것처럼, 옷을 입다 정전기가 나는 것처럼 이 느닷없는 그리움은 뭘까?

쑥솜처럼 사방을 굴러다닌 그림자와 몸이러니
옛정이 뉘라서 또한 뇌의와 진중 같으리오.
병이 깊으니 약물은 통 효험이 없지만
애써 읊으니 시편이 제법 신묘하구나.
깨끗한 기운 하늘에 닿으니 강가 고을은 새벽이요
누런빛이 땅에 뜨니 버드나무 선 교외는 봄이로다.
나 가엾을 손, 좋은 계절에 마음속은 얄궂어져
시를 지어 때때로 친구에게 부치노라.

_한양으로 가는 길에 장단에서 정곡에게 부치다(將赴京都, 長湍途中, 寄鼎谷, 변계량)

蓬轉東南影與身 舊情誰復似雷陳
病深藥物渾無效 吟苦詩篇頗有神
虛白連天江郡曉 暗黃浮地柳郊春
自憐令節情懷惡 題句時還寄故人

【출전】《춘정집》 권2【작자】변계량(卞季良): 1369(고려 공민왕18)~1430(조선 세종12). 자는 거경(巨卿). 호는 춘정(春亭). 본관은 밀양(密陽). 1382년(고려 우왕8) 진사시에 합격했다. 조선 이후 성균관정 지제교, 예문관 직제학 등을 지냈다. 저서로 《춘정집(春亭集)》이

있다.【주석】蓬轉(봉전): 쑥솜이 바람에 이리저리 굴러다닌다는 뜻으로, 사람이 정처 없이 떠도는 것을 말한다. ○雷陳(뇌진): 후한의 진중(陳重)과 뇌의(雷義). 이들은 같은 고을에서 친구로 자랐는데, 태수가 진중을 효렴(孝廉)으로 추천하자, 진중은 뇌의에게 양보했고, 끝내 이듬해 뇌의가 효렴으로 추천되면서 둘은 함께 벼슬하게 되었다. 아교칠이 튼튼하다고 해도 뇌진만 못하다는 말이 있다.《후한서》에 〈진중전〉, 〈뇌의전〉이 전한다. ○渾無效(혼무효): 전혀 도움이 되지 않다. ○頗有神(파유신): 제법 신묘함이 있다. ○虛白(허백): 깨끗한 기운. 마음이 깨끗해 무욕한 상태를 이름.《장자·인간세》에서 유래했다. ○自憐(자련): 나를 가련하게 여긴다. ○令節(영절): 좋은 계절. '令'은 아름답다, 좋다. ○정회악(情懷惡): 마음이 심술궂다, 얄궂다. 공연히 시를 지어 친구에게 보내본다는 뜻이다.

# 우리는 생각보다 가까운 곳에 있습니다

수많은 인연이 우리를 스쳐갑니다. 학교, 군대, 아르바이트, 직장, 여행을 통해 우리는 오랜 시간 많은 경험을 가지며 다양한 사람을 만나고 관계를 맺고 살아갑니다. 어렸을 적 친구들과 아직도 관계를 잘 유지하는 경우는 많지 않을 것입니다. 어느 날 문득 소식이 궁금해지는 친구나 사람들도 있습니다. 친하긴 한데 연락하기가 좀 껄끄럽기도 하고 갑작스레 연락하자니 뭔가 어색하기도 합니다. 오랜만에 친구에게서 연락이 왔지만 어색해서 피해본 적도 있을 겁니다. 인간관계는 언제나 참 복잡 미묘합니다.

제 경우 초등학교 때 친구들은 중학교를 올라가면서 멀어지고 중학교 친구들은 고등학교를 올라가면서 멀어졌습니다. 마주치는 일이 줄어들면서 관심 역시 줄어든 것이지요. 매일 보고 공부하면서 부딪칠 때는 한 없이 친하다가도 막상 얼굴 볼 일이 줄어드니 서로에 대한 관심 역시 줄어들었습니다. 그러면서 대학에 가게 되었습니다. 가끔 어릴 적 친구들이 생각나서 연락해본 적도 있었습니다. 어떤 친구와는 연락이 안 됐고 다른 친구와는 다시 연락이 닿기도 했습니다. 어느 날은 전화를 들고 연락을 해볼까 고민하다가도 포기합니다. '내 연락을 싫어하면 어떡하지?', '너무 뜬금없다고 생각하면 어쩌지?' 수많은 고민이 저의 머릿속을 뒤집어 놓았습니다.

대학에 와서 돌아보니 옛 시절 친구들이 참 그리웠습니다. 소중한 제 고등학교 시절 친구들을 잃기는 싫었습니다. 보지 못하는 친구들에게 한번이라도 더 연락을 했고 정기적으로 만남을 주도했지요. 몇 해가 지나 만난 친구들 중에는 첫 인사를 나누며 어색함을 감출 수 없는 친구도 있었고 어제 만난 것처럼 친근한 친구도 있었습니다. 하지만 자리에 앉아 교복 입던 시절을 하나 둘 꺼내기 시작하면서 주위를 맴돌던 미적지근한 공기는 사라지고 없었습니다. 고등학교 친구들은 지금 저에게 소중한 벗이 되었습니다.

불교에선 옷깃만 스쳐도 전세(前世)의 인연이라고 합니다. 하물며 그들은 나의 옛 친구들입니다. 조금만 용기를 내서 나의 인연을 지켜보는 것은 어떨까요?

"꽃이 피는 봄이 오니, 무더운 여름이 오니, 감정이 미묘해지는 가을이 오니, 추운 겨울이 오니 네가 보고 싶구나."

용기 내어 연락하면 싫어할 사람은 아마도 없을 것입니다. 그러다 보면 잠깐 잊었던 친분을 되찾을 기회도 있을 것이고, 그것이 자신의 평생에 큰 도움이 될 지도 모릅니다. 사람의 가장 중요한 재산은 사람이니까요.

공연히 길을 걷다 문득 한 친구가 생각났습니다. 변계량이 현대를 살

왔더라면 아마 그 자리에서 전화 한 통 걸었을 거란 생각이 들었습니다. 친구의 SNS에 잠시 들러 "요즘 어떻게 지내니, 잘 지내니?" 하고 짧은 안부라도 남겨보세요. 시와 편지를 부치는 것으로 서로에게 마음을 전했던 시절보다 우리는 서로가 훨씬 더 가까운 시대를 살고 있으니까요. 기억 속의 옛 친구는 당신이 지금 생각하는 것보다 훨씬 가까운 곳에 있답니다.

## 내 마음이 상대방에게 제대로 전달되지 않을 때

우리 집 양이(猫)는 비만의 위험이 있다. 그래서 그놈이 좋아하는 참치통조림도, 사람 음식도 절대 주지 않는다. 하지만 어머니는 마음이 약해서 양이가 울고 보채면 결국 주고 만다. 그래서인지 양이는 나만 미워하고 어머니만 따른다. 내가 배려하고 걱정해서 하는 일이 상대에게 제대로 전달되지 않아 속상하다.

우물물은 모름지기 천 길일지니
천 길이라도 길어 올릴 수 있네.
사람 마음은 정녕 한 치이지만
그 한 치조차 헤아릴 수 없어라.
맑은 얼음은 진흙탕에 버려져도
한 번 씻으면 다시 청결해지지만
나쁜 쇳덩어리는 큰 대장장이 손을 거쳐도
천 번 다듬은들 끝내 부러지리. _우물물(井水, 김윤안)

井水雖千尋 千尋猶可汲
人心雖一寸 一寸難可測
淸氷委泥塵 一洗還淸潔

惡鐵經大冶 千磨終缺折

【출전】《동리집》 권2 【작자】 김윤안(金允安): 1560(명종15)~1622(광해군14). 자는 이정(而靜). 호는 동리(東籬). 본관은 순천(順天). 1588년(선조 21) 생원·진사시에 급제했다. 저서로 《동리집(東籬集)》이 있다. 【주석】 雖(수): 비록, 모름지기. 여기서는 모름지기 ○千尋(천심): 아주 깊음. '尋'은 8자(尺)를 말한다. ○淸氷(청빙): 깨끗한 얼음. 맑고 깨끗한 품성을 빗대어 일조청빙(一條淸氷)이라고 한다. 송시열(宋時烈)이 송준길(宋浚吉)을 두고 '일조청빙'으로 부른 바 있다. ○還(환): 도로, 다시. ○大冶(대야): 큰 대장장이.

## 쉽게 달궈지지도 식지도 않는 뚝배기처럼

나는 분명 상대를 생각해서 하는 행동인데 그런 내 마음을 몰라주고 오히려 멀어진다면 얼마나 속상할까요. 그 사람을 걱정하는 마음에, 더 잘됐으면 하는 마음에 하는 말인데, 그런 내 마음도 모르고 오히려 무슨 참견이냐고 화를 내거나 내 말을 무시해 버릴 때가 있죠. 그럴 땐 내 마음을 몰라주는 그 사람이 너무나도 원망스럽습니다. 그리고 그런 마음이 쌓이고 쌓이다 보면 나도 지치게 되고 실망해 어쩌면 관계는 더 멀어지게 될지도 모릅니다. 안타깝게도 말이죠.

관심 있고 애정 있는 사람에게 더 잔소리를 하게 마련입니다. 사소한 것 하나도 더 잘 보이고 마음이 쓰이고 걱정되기 때문입니다. 그러다 보니 그 친구의 기분이나 마음만 맞추는 달콤한 소리보다는 충고 섞인 쓴소리를 더 하게 되는지도 모릅니다. 그러면서 '왜 그 친구는 내 마음을 몰라주고 눈앞에 설탕 발린 말만 들을까.' 하는 생각도 하지요.

우리에게 가장 잔소리를 많이 하는 사람은 누구일까요? 깊이 생각해 볼 필요도 없이 오늘 아침 학교에 오기 전에도 잔소리 때문에 한바

탕 했던 우리의 어머니일 것입니다. '집에 일찍 들어와, 술 너무 많이 마시지 말고.' '추우니깐 잘 때 창문 닫고 자고.' '옷을 왜 이렇게 얇게 입고 가니, 아침저녁으로는 추우니까 외투 하나 들고 가!' 너무나도 듣기 싫은 엄마의 잔소리는 가만히 생각해보면 전부 나를 걱정해서 하는 말이라는 것을 알 수 있습니다. 하지만 우리는 '또 잔소리네' 하며 그냥 건성으로 대답하고 흘려듣기 일쑤죠.

이쯤에서 뭔가 느껴지지 않나요? 나에 대한 관심과 애정, 걱정에서 비롯된 엄마의 잔소리를 흘려듣고 있는 내가, 바로 나의 진심을 몰라주는 그 친구와 같다는 것 말이죠. 우리는 알고 있습니다. 머지않아 흘려들었던 엄마의 진심을 알게돼죠.

'아, 엄마 말 들을 걸. 밤 되니까 정말 춥네.'

'창문을 열어놓고 잤더니 감기에 걸리고 말았네. 정말 나를 걱정해서 하신 말씀이구나.'

엄마의 잔소리가 나중에는 진심으로 와 닿듯이 당신의 말과 행동도 언젠간 그 사람에게 진심으로 전해질 것입니다. 그러니 지금 당장 당신의 마음을 몰라준다고 너무 섭섭해 하거나 힘 빠져 있지 마세요. 우리들의 어머니가 그러했던 것처럼 우리 역시 소통하고 싶은 마음의 크기만큼 인내심을 가지고 기다릴 필요가 있죠.

한 길 사람의 마음이 천 길 물속보다도 알기 어렵다죠? 받아들이세요. 그리고 기다리세요. 찌개는 뚝배기에 끓여야 제 맛입니다. 상대방에게 내 마음을 전달하는 것이 여의치 않을 때 뚝배기를 기억하세요. 뚝배기는 결코 쉽게 뜨거워지지도, 빨리 식지도 않습니다. 서서히 온도가 오르듯 당신과 상대방의 사이도 조금씩 가까워질 것입니다.

# 방황하는 스무 살,
# 성찰과 자아

# 현실과 타협하는 자신이 미워질 때

불의를 보면 참지 못하는 성격이다. 소설 속 악역을 봐도 화를 냈었다. 그런데 나도 살다보니 어느새 그럴 수도 있지 하고 넘어간다. 갑자기 내가 미워진다. 뭔가 정직하지 못하고 죄를 짓는 느낌이다. 앞으로 더 나아질 것 같지도 않다. 세상과 타협하며 살아갈까봐 걱정이다. 타협할 수도 없고, 타협하지 않을 수도 없다.

말이 입을 나서면 곧잘 세상과 어긋났고
세사는 오랫동안 깎여 이젠 배부르다오.
황혼녘 비바람에 북창이 요란할 사
꿈에서 성거산의 물소리가 되었네. _북창에 비바람 요란하더니(偶書, 성간)

言辭出口屢觸諱 世事折肱曾飽更
黃昏風雨鬧北牖 夢作聖居山水聲

【출전】《진일유고》 권3【작자】성간(成侃): 1427(세종9)~1456(세조2). 자는 화중(和仲). 호는 진일재(眞逸齋). 본관은 창녕(昌寧). 1441(세종23) 진사시에 합격했다. 집현전 박사, 수찬 등을 지냈다. 저서로《진일유고(眞逸遺藁)》가 있다.【주석】屢觸諱(누촉휘): 자주 기휘를 범하다. '忌諱'는 세상에서 꺼리는 일. ○折肱(절굉): 정갱이가 부러지다는 뜻으로 오랫동안 깎이고 다듬어지다는 뜻이다. ○飽更(포경): 충분히 경험하다. ○聖居山(성거산): 개성에 있는 산 이름. 구룡산(九龍山), 평나산(平那山)이라고도 부른다. 성인이 산다고 해 붙여진 이름이다.

## 세상과 끊임없는 밀당을 하라

"안녕들 하십니까?"

이 작은 물음에 우리 사회가 저마다의 방식으로 답하기 시작했습니다. 많은 사람이 우리는 "안녕하지 못하다"고 답하며 앞으로 "안녕합시다!" 하고 서로를 다독였습니다. 이 시대의 청춘들이 사회를 향해 목소리를 낸 것은 이번이 처음이 아닙니다. 많은 청춘이 등록금 마련을 위해 막노동도 불사하고 취업을 위해 각종 자격증 준비를 하는 동안에도 대학 사회에 대한 문제의식은 끊임없이 피어올랐었지요. 삭발에 단식까지 불사했지만 일부 대학생만의 돌아오지 않는 외침이 되어버렸습니다. 당신뿐만 아니라 대한민국의 많은 청춘이 가슴속에 많은 이야기를 담아두고도 그저 혼자 삼켜버리고 있습니다.

우리는 항상 현실의 벽 앞에서 고민하고 좌절하고 또 상심합니다. 그러다 포기하고 무기력에 빠지고 말지요. 아무리 발버둥쳐봐도 현실을 이길 도리는 없어 보이죠. 살아가면서 우리는 수많은 선택의 순간을 맞닥뜨리게 됩니다. 신중한 고민 끝에 결국은 좀 더 현실적인 길을 택하게 되지요.

"유능한 인간으로서 우리는 사태가 어떠하며 무엇을 해야 할지를 판단할 과제를 떠안는다. 우리는 성찰적 존재로서 다른 사람의 삶을 반추할 능력을 갖고 있다. 우리는 우리 자신의 행동이 야기한 결과뿐만 아니라 우리가 주변에서 목격하는 우리의 힘으로 치유가 가능한 재난들에 대해서도 책임감을 가져야 한다. 이 책임감은 물론 우리의 관심을 요구하는 유일한 것이 아니지만 이러한 일반적 주장의 적절성을 부정하는 것은 우리의 사회적 존재의 핵심을 간과하는 일이 될 것이다. 이것은 우리가 어떻게 행동해야 하는지 정확한 규칙을 정의하는 문제라기보다 우리가 어떤 상황에 직면해 선택해야 할 때 공유하는 인간성의 의미를 인식하는 것에 대한 문제다."

1988년 노벨 경제학상을 받은 아마르티아 센이 쓴 《자유로서의 발전》의 한 대목입니다. 불의를 보고도 참지 못하는 마음은 당연합니다. 우리는 우리 눈앞에 놓인 당장의 정신적, 경제적 어려움 때문에 사회 문제를 그렇게 외면했던 건지도 모릅니다. 그럼에도 내 삶과 더불어 우리 주변의 삶도 돌아봐야 할 책임이 있습니다. 지금의 '안녕들 하십니까?'는 우리가 어떤 상황에 직면해 선택해야 할 때 무엇을 공유해야할 지를 잘 알려주는 사례가 되었습니다. 공감을 이끌어내고 고민을 공유하는 것의 힘이 얼마나 강한가를 다시 깨닫게 됩니다.

현실은 모든 것을 양보하고 내어줄 만큼 호락호락하지 않습니다. 상당히 강력한 상대와 마주하고 있는 것이죠. 협상대 위에 현실과 나라는 두 협상가가 나란히 앉게 되었습니다. 상대로부터 모든 것을 지켜내기는 힘들지만, 모든 것을 잃는 건 아주 쉽습니다. 어떤 유능한 협상가도 단 한 번의 협상으로 자신의 목표에 도달하지 못합니다. 다만 협상을 하면 할수록 점점 자신의 이상에 가까워 질 수 있는 것이죠. 그동안 꼭꼭 숨겨두었던 비장의 카드를 한번 꺼내보세요.

현실과 협상하기 전 가장 중요한 것은 자신의 신념, 자신의 가치관을 명확히 해야 한다는 것, 그리고 그 신념을 지킬 용기를 가져야 한다는 것입니다. 타협과 협상의 명수는 자신의 모든 것을 지키려고 하지 않습니다. 때론 한 발 물러나 양보해야 할 때가 오기도 하고, 절대 물러나서는 안 될 때가 있다는 것도 알고 있죠. 살아가면서 현실과 타협하지 않을 수는 없습니다. 신념을 확고히 하고서 단호히 맞서는 용기, 이것만 있다면 설령 현실과 타협한다고 해도 적어도 지지 않을 것입니다. 우리의 목표는 현실에 내 삶을 하나라도 덜 내주는 것이니까요.

나의 신념이 점점 흐릿해지고 탁해지고 있음을 느끼는 순간 치밀하게 전략을 짜고 현실과 협상을 해보는 겁니다. 내가 내뱉을 말들이 세상을 거스르는 말이라면 세상에 치이고 깎일 수도 있겠죠. 하지만 내가 하는 말이나 행동에 한 사람이라도 공감할 수 있다면 이것 또한 현실에 안주하지 않는 청춘의 모습이 아닐까요? 끊임없이 현실과의 밀고 당기기를 통해 타협과 협상의 명수가 되어보는 거예요. 당신은 어느새 인생의 훌륭한 조정자가 되어 있을 거예요.

## 학생과 군인, 두 가지 신분 사이에서 갈등할 때

나는 학군단의 새내기로 적응 중이다. 학생과 군인이라는 신분을 동시에 갖고 있는 셈이다. 전공 공부도 충실히 하고, 학군단 생활도 충실하게 하고 싶다. 허나 육체적으로, 정신적으로 다른 친구들보다 곱절로 힘들다. 잘 이겨낼 수 있을까? 나를 믿지만, 문득 다가오는 갈등을 피할 수는 없다.

단양의 산들 높고 또 높을시고
바윗봉우리 하늘을 찌르며 창을 벌여 놓은 듯.
외줄기 잔도는 돌산을 에돌고
열 걸음에 아홉 번 꺾이니 남인지 북인지 모를레라.

거대한 골은 휑하니 그 깊이 아찔하고
그늘진 벼랑은 음산해 단풍 숲은 컴컴하네.
윗길은 깎아지른 바위요 아랫길은 벼랑이라
겹겹 쌓인 얼음은 닫는 곳마다 미끄러우니 납을 녹였구나.
사람들 말하기를, 이곳이 저승문이라
나그네 채 오르기 전에 마음이 먼저 떨리네.
나 오늘 떠돌다 이곳을 지나는데
백성들 줄을 잇고 추위와 굶주림에 내몰렸네.
지친 말, 여윈 소는 채찍질해도 꼼짝 않고
날 저물자 미친바람은 세찬 눈보라 몰아오네.
여우며 삵이 이따금 내 뒤에서 울부짖고
무서운 짐승이 사납게 내 앞을 막아서누나.
쭈뼛쭈뼛 정신이 흔들리며 부여잡을 수 없고
백 리를 다 가도 인적은 하나 없으니
종들은 울어대고 자식들도 흐느낄 사
장부도 이쯤 되니 면목이 없다오.
살면서 도를 배웠지만 아직 이루지 못했거든
외물을 어찌 가을터럭처럼 볼 수 있으리오.
바람 맞으며 통쾌히 단양행을 노래하노니
예부터 세상에서 살아가는 길 힘겨웠지요. _힘겨워라 세상살이(丹陽行, 류성룡)

丹陽之山高復高 石峯攙天如列戟
一線棧道縈岩巒 十步九折迷南北
巨壑谺然深不測 陰崖慘慘楓林黑
上坂巉巖下坂絶 層氷到着滑鎔鑞
人言此是鬼門開 行人未上心先慄
我今流離經此中 百口相隨飢凍迫
疲牛瘦馬鞭不動 日暮饕風吹虐雪
狐狸往往嗥我後 猛獸咆咻當我前
攫然神動不可留 百里行盡無人煙
僮僕號呼兒女泣 丈夫到此難爲顔
平生學道未得力 外物寧作秋毫看
臨風快歌丹陽行 自古人間行路難

【출전】《서애집》 권1 【작자】 류성룡(柳成龍): 1542(중종37)~1607(선조40). 자는 이현(而見). 호는 서애(西厓), 운암(雲巖). 본관은 풍산(豐山). 1564(명종19) 진사시에 합격했다. 예문관 검열, 성균관 전적, 직제학, 대사간, 영의정 등을 지냈다. 저서로 《서애집(西厓集)》이 있다. 【주석】 이 시는 전쟁을 겪은 뒤 마을이 텅 비고 인가를 찾아서 산속을 헤매면서 밤이 깊어지자 아주 위험해진 상황에서 지었다. ○丹陽(단양): 충청북도의 단양. ○攙天(참천): 하늘을 찌르다, 꿰뚫다. ○棧道(잔도): 벼랑 옆으로 임시 가설한 길. ○谺然(하연): 골이 휑한 모양. 휑하니. ○慘慘(참참): 어두컴컴해진 모양. 음산하고 소슬한 모양. ○巉巖(참암): 깎아지른 바위. ○滑鎔鑞(활용납): 미끄럽기가 납을 녹여 부은 듯하다. ○流離(유리): 정처없이 떠도는 모양. ○饕風吹虐雪(도풍취학설): '饕風'은 미친 듯이 거세게 부는 바람, '虐雪'은 제멋대로 모지게 몰아치는 눈. ○嘷(호): 짖다, 외치다. ○咆咻(포휴): 거칠고 사나움. 길들이지 않은 모습. ○神動不可留(신동불가류): 정신이 흔들려 부여잡을 수 없다. ○難爲顔(난위안): 낯빛을 세우기 어려움. 면목이 없음. ○平生學道未得力(평생학도미득력), 外物寧作秋毫看(외물영작추호간): 사는 동안 도를 배웠지만 변변찮은 성과도 얻지 못했으니, 외계의 사물을 어찌 가을터럭처럼 하잘것없는 것으로 볼 수 있겠는가. 즉 도를 깨치면 안으로 평정을 유지해 외부의 자극에도 편안하게 넘어가지만, 그렇지 못하다는 뜻이다. ○行路難(행로난): 본래 악부의 제목으로, 세상 살아가는 데에서 느낀 감회를 읊조린 시다. 세상 살아가는 어려움을 이야기할 때 원용되어 쓰인다.

# 멀티 플레이가 가능한 당신, 능력자!

혹자는 두 가지 일을 하는 건 아무것도 하지 않는 것과 같다고도 합니다. 그만큼 멀티플레이는 어려운 일이지요. 정신적, 육체적으로 많은 희생을 감수해야 하고 그에 따르는 책임감도 막중해집니다. 각각의 일에 신경을 써야 하니 집중력도 상대적으로 떨어집니다. 하나를 하다보면 다른 하나를 할 생각에 깜깜하고 답답해지기까지 합니다. 내 한계를 넘어서는 것 같은 일들이 뒤에서 쫓아오고 앞에서 위협을 해오니 힘이 풀리고 정신이 혼미해집니다. 결국 두 마리 토끼를 다 놓치는 불상사가 일어날 수도 있지요.

그런데 주위를 둘러보면 거의 모든 사람이 둘 이상의 역할을 동시에 수행하고 있습니다. 공부를 열심히 해야 할 학생이자 집안의 축인 장남, 작은 가게의 아르바이트생이자 학교 동아리의 장 …. 가정 같은 작은 사회에서의 역할은 큰 의미로 다가오지 않습니다. 너무도 당연하게 느껴지기 때문이죠. 대신 외부에서 새로 맡게 된 역할, 임기가 정해진 직책일수록 마음이 무거워집니다.

여러 역할을 해내는 것이 힘든 이유는 모든 자리에서 잘해내고 싶은 욕심과 의지 때문일 것입니다. 당신은 의욕적으로 학군단에 지원했고, 학생과 군인의 역할을 동시에 수행해나가고 있습니다. 그런데 막상 두 가지를 병행해보니 만만치 않죠. 학군단과 학업 두 가지를 똑같이 잘해내려고 하는 마음에 그토록 고민하는 거겠죠.

'그냥 사병으로 입대할 걸 그랬나?'

후회를 할 수도 있습니다. 하지만 이 길로 접어들기 전 당신은 아마 고민에 고민, 신중에 신중을 기해서 결정했을 거에요. 처음에 당신이 학군단에 지원한 이유와 그때의 마음을 떠올려보세요. 누구나 선택의 순간에는 단 1퍼센트라도 덜 후회할 쪽을 택하게 되지요. 학군단을 선택한 것이 그 시점에서는 최선의 선택이었을 겁니다.

관자(管子)는 말했습니다.

"사람의 생명력은 반드시 평정으로서 지속해야 한다. 그것을 잃는 까닭은 반드시 기쁨과 노여움, 근심과 걱정 때문이다. 노여움을 그치는 데는 시보다 좋은 것이 없고 근심을 없애는 데는 음악보다 좋은 것이 없으며 음악을 조절하는 데는 예의보다 좋은 것이 없고 예의를 지키는 데는 공경함보다 좋은 것이 없으며 공경함을 지키는 데는 마음을 고요하게 하는 일보다 좋은 것이 없다. 안으로 고요하고 밖으로 공경하면 그 본성을 회복할 수 있어 본성은 크게 안정될 것이다."

지금 나의 위치에 불편을 느끼는 것은 지나친 근심과 걱정 때문일 테지요. 내 마음의 평정심을 유지하면 아무리 외부의 유혹과 우려가 나를 찔러대더라도 담담하게 넘어갈 수 있을 것입니다. 두 가지 신분에 대한 마음가짐을 다지고 스스로를 좀 더 단단하게 하면 좋겠습니다.

할 일이 많은 것도, 두 개의 신분을 가질 수 있는 것도 모두 당신의 능력이 그것을 허락했기에 가능한 것입니다. 사회에서 당신의 역할이 그만큼 크다는 말이기도 하고요. 두 가지 영역에 발을 들이고 있다는 것은 개인적으로 확장과 성장의 여지가 크다는 것으로 보입니다. 사람이 살아가는데 있어 네트워킹의 힘은 상상을 초월하지요. 지금 쌓고 있는 이력과 네트워킹은 앞으로의 인생에 든든한 예비 지원군입니다. 당신이 하고 있는 색다른 경험과 고민은 장차 당신이 더 큰 그릇이 되도록 도와줄 것입니다. 이 모든 것이 당신의 삶을 풍요롭게 만들기 위한 멀고 험한 여정입니다.

## 지금 하고 있는 모든 일에 갑자기 회의가 밀려올 때

창밖을 바라보는데 나뭇잎이 떨어진다. 순간 내가 지금 무엇을 하고 있나 하는 생각이 든다. 괜히 우울해져서 세상 모든 일이 의미 없게 느껴진다. 세상에 의미 있는 일은 얼마 되지 않고 내가 하는 모든 일도 무의미한 것이 아닌가 하는 생각이 든다. 우울하다.

크게 태공망의 병서를 읽다가
길게 〈양보음〉을 읊조리네.
내 나이 채 십팔 세도 안 되었는데
무슨 일로 눈물은 옷깃을 적시노. _뜻 모를 눈물(謾吟, 권상하)

大讀太公法 長吟梁甫吟
吾年未八十 何事淚霑襟

【출전】《한수재집》 권1 【작자】 권상하(權尙夏): 1641(인조19)~1721(경종1). 자는 치도(致道). 호는 수암(遂庵), 한수재(寒水齋), 황강거사(黃江居士). 본관은 안동(安東). 1661년(현종2) 진사시에 합격했다. 저서로 《한수재집(寒水齋集)》이 있다. 【주석】 太公法(태공법): 주나라의 태공망(太公望) 여상(呂尙)이 지은 병법서인 《육도(六韜)》를 말한다. ○梁甫吟(양보음): 악부의 이름으로 만가(挽歌)다. 제나라 경공 때 안영(晏嬰)이 천하의 용사였던 공손접(公孫接), 전개강(田開疆), 고야자(古冶子) 등에게 복숭아 두 개를 주어 서로 다투게 해 끝내 모두 자살하도록 만들었던 일을 두고 안타까워하며 지은 노래다. 제갈량이 잘 불렀다고 한다. ○吾年未八十(오년미팔십): 작자는 이 시를 18세인 1658년에 지었다. '未八十'은 '十八'이란 나이를 뒤집어 표현한 것이다. 이 시는 나라에서 병자호란을 겪은 뒤 인재를 구할 즈음, 웅대한 포부를 노래했다. ○何事淚霑襟(하사루점금): 반어형. '霑襟'은 옷깃을 적시다. 무슨 일로 눈물이 옷깃을 적시는가.

# 우리는 누구나 활짝 필 꽃봉오리지요

눈앞에 너무도 많은 일이 펼쳐져 있습니다. 20대가 되면서 우리는 그 많은 일 중 어떤 것으로 하루하루를 채워나갈지 항상 고민하게 됩니다. 뭔가를 열심히 하고 있어도 뚜렷한 성과가 없으니 의심만 계속 늘어나지요.

'도대체 나는 대학 생활 동안 뭘 했지?'

'내가 지금 제대로 하고 있는 것이 맞나?'

내가 하고 있는 일과 내가 했던 일들이 모두 부질없이 느껴지는 때가 분명 있습니다. 그럴 때는 정말 아무것도 손에 잡히질 않습니다. 더구나 '누구는 어느 회사에 취직했고, 누구는 공모전에서 큰 상을 받았다더라.' 하는 배 아픈 얘기가 들리면 내 인생은 수렁으로 빠져들고 있는 듯합니다. 내 나름의 인생 계획에 따라 잘 살아가고 있다고 믿었건만 내 자신이 그저 한심하기 짝이 없게 느껴지는 순간입니다.

인생에 대한 회의는 미래에 대한 확신이 없을 때 생기게 됩니다. 실패에 대한 두려움까지 더해져 스스로를 의심하는 것이죠. 자신의 분야에서 일가를 이뤄낸 사람들의 성공스토리는 하나같이 엄청나고 대단한 것뿐입니다. 성공이라는 결과에만 치중해 그 사람의 지난 시련과 실패는 짚어주지 않죠. 무슨 일을 하든지 성과를 내야 하는 사회에 살고 있는 느낌입니다. 《피로사회》를 쓴 한병철 교수는 우리 사회가 너무 우리 스스로를 착취하고 있다고 말합니다.

"어떤 목표를 달성했다는 느낌 자체가 결코 찾아오지 않는 것이다. 나르시스적 주체는 완결에 이르려 하지 않는 것이라 완결에 이르지 못하는 것이다. 그는 자기를 잃고 열려 있는 공간 속에 흩어져버린다. 완결된 형식의 부재는 무엇보다 경제적 조건의 결과다. 왜냐하면 개방성과 미완결성은 성장에 유리하기 때문이다."

용맹한 세 장수 공손접, 전개강, 고야자를 경계한 안자의 꾀에 넘어가 세 사람을 모두 잃은 춘추시대 제나라 경공의 경우처럼 의도하지 않게 많은 것을 잃어버리는 때가 있습니다. 무엇을 하든 한탄스러운 순간이 오기에 인생을 살아가는 것이 더 어렵게 느껴지는 것이겠죠. 나 자신에게 많은 것을 기대하고 목표에 완벽히 다가서려 할수록 무기력이 성큼성큼 다가오게 됩니다. 제대로 해내지 못할 것만 같고 무엇인가를 잃어버릴 것 같아 걱정이 드는 것이죠. 지나친 목표 달성 욕구가 당신을 피로하게 만들고 있지는 않은가요?

조금 부족한 듯 보이면 어때요. 반드시 잘해야 할 필요는 없습니다. 이 사회는 청춘들을 자꾸만 천하무적으로 만들려 합니다. 그에 부응하려 하니 나를 잃는 것이죠. 내 인생을 평가하는 주체는 사회가 아닌 나 자신입니다. 내가 고심해 내린 결정과 그에 따라 열심히 노력하는 시간. 그 자체로도 충분히 가치 있고 의미 있는 일입니다.

우리가 꽃봉오리를 눈여겨보는 이유는 머지않아 꽃으로 피어날 것이기 때문입니다. 꽃봉오리는 시간이 흐르면 반드시 피게 되어 있습니다. 다만 관리가 소홀해지면 시들고 죽어버리게 될 것입니다. 꽃을 피우기도 전에 시들 꽃을 생각하며 말려버리는 사람은 없을 것입니다. 당신의 인생을 한번 기대해 보세요. 내 인생에도 꽃이 필까 의심만 한다면 당신의 꽃봉오리는 말라가기 시작할 것입니다. 믿음과 진심어린 노력만이 당신의 인생을 아름다운 꽃으로 활짝 피어나게 할 수 있습니다. 우리는 이미 만개할 준비를 하고 있는 꽃봉오리입니다.

# 점점 작아져가는 내 꿈을 보면서

어릴 적엔 내가 무엇이 된다는 꿈만 꾸어도 행복했다. 그것만으로도 세상 모든 것을 다 이룬 것 같았다. 그런데 언젠가부터 꿈은 꿈일 뿐 현실이 될 수 없다는 생각이 든다. 뭔가를 꿈꾸는 것이 허망하다. 아직 청춘인데, 이제 겨우 이십 년을 살았는데, 이런 생각이 들다니! 슬프다.

산사의 스님이 달빛을 탐내어
물과 함께 물독 안에 길었다네.
절에 이르면 그제야 깨치리니
독을 기울이면 달도 또한 비워지리. _물도 비우면 달도 비워지리(井中月, 이규보)

山僧貪月色 幷汲一甁中
到寺方應覺 甁傾月亦空

【출전】《동국이상국집》 후집 권1 【작자】 이규보(李奎報): 1168(의종22)~1241(고종28). 자는 춘경(春卿). 호는 백운거사(白雲居士), 지헌(止軒), 삼혹호선생(三酷好先生). 본관은 여주(驪州). 1190년(명종20) 예부시에 합격했다. 시호는 문순(文順). 저서로 《동국이상국집(東國李相國集)》이 있다. 【주석】 貪(탐): 분에 넘치게 추구하는 것. 더 많이 갖기를 원하고 만족할 줄 모르는 것을 말한다. ○幷汲(병급): '幷'은 아울러, 함께. '汲'은 물을 긷다. 즉 물과, 물 위에 뜬 달을 함께 길어 올리다는 뜻이다. ○甁(병): 독, 항아리. ○甁傾月亦空(병경월역공): '傾'은 기울이다, 쏟아내다. 물독을 기울여 물을 따라내면, 물에 비친 달도 또한 사라지는 것을 두고 말한 것이다.

## 희망의 항아리에 사람을 채우세요

사람은 꿈을 먹고 사는 동물이라고 흔히들 얘기하지요. 꿈과 희망은 오늘을 지탱하는 에너지가 되고 내일을 기대하게 하는 동력이 됩니다. 꿈과 희망은 인간이 누릴 특권이며 꿈을 가진다는 것은 아름답고도 멋진 일입니다. 하지만 꿈이라는 것은 너무나도 추상적이고 광범위하며 지극히 개인적인 속성도 가지고 있죠. 그래서인지 때론 비현실적이고 아득한 먼 미래의 일처럼 느껴지기도 합니다.

무궁무진한 꿈을 꾸던 어린 시절 이후로 한 살 한 살 나이를 먹으면서 현실의 벽에 부닥칩니다. 시간의 장벽에서부터 경제적 이유, 재능의 한계까지 수많은 장애물은 꿈을 포기하게 만들었고, 나를 점점 움츠러들게 했습니다. 어릴 때는 꿈을 실현하는 과정의 어려움은 전혀 알지 못했었죠. 하지만 현실을 알고, 장벽의 높이를 가늠할 수 있게 되니 새로운 꿈은 꿀 수도, 가슴에 품을 수도 없게 되어버렸습니다. 수만 가지 꿈을 꾸던 아이가 단 한 가지 꿈을 품기도 버거운 어른이 되는 것입니다. 많은 사람이 사회에 발을 들이면서 꿈에 내 능력을 맞추어가기 보다 내 능력에 맞게 꿈을 바꾸어 버리죠.

하지만 곰곰이 생각해 보세요. 외부적인 이유 때문이 아니라 두려움에 포기해버린 건 아닌지. 지금 내가 꿈이라 부르고 생각해왔던 것들이 내 안에서 단단하게 맺어지긴 했던 건지. 혹시 꿈이라는 말에 담긴 막연한 가능성만 바라보는 건 아닐는지요. 막연히 장밋빛 미래만 원했던 건 아닐까요. 내가 가진 꿈이 얼마만큼 간절한지, 진정 내가 원하는 것인지 자문해봐야 합니다. 지금 나는 그 꿈을 실현시키기 위해 노력할 자세가 되어있는지, 또 어떻게 노력할 건지도 구체적으로 고민해야 할 때입니다. 순수한 열정을 지닌 진정한 꿈이라면 응당 현실이 되어 여러분들의 가슴에 별이 될 것이라 믿습니다.

앙상한 꿈이 살을 찌워나가는 데는 인생에서 누구를 만나는가도 중요합니다. 《주역》에 이런 말이 있습니다.

"비룡이 하늘에 있으니 자신을 도와줄 사람(大人)을 만나리라. 같은 소리를 가진 사람은 서로 만나면 크게 반응하고, 같은 기운을 가진 사람은 서로 찾는다. 물은 습지로 흘러내려가고 불은 건조한 곳으로 나아가며, 구름은 용을 따르고 바람은 호랑이를 좇는다.(飛龍在天, 利見大人. 同

聲相應, 同氣相求. 水流濕, 火就燥, 雲從龍, 風從虎)"

나와 같은 소리를 가진 사람을 만나는 순간, 상상 이상으로 에너지가 커질 수 있습니다. 같은 목표를 가지고 있는 사람들이 내 꿈의 자양분이 되기도 하는 것이죠. 때로는 10개의 자격증보다도 한 명의 사람이 의외의 길을 열어주곤 합니다.

빈 항아리에는 아무리 달빛을 담으려 해도 담지 못합니다. 항아리 속에 물을 가득 채워야 그 속에 달을 띄울 수 있습니다. 항아리는 자신이고, 달은 꿈이라고 한다면 물은 나의 꿈을 지지해주고 함께 공유할 사람들이라 할 수 있습니다. 여럿이 함께 꿈을 나누는 것은 생각보다 중요합니다. 혼자서 꽁꽁 싸매고 꿈에 대한 고민하다 보면 아무래도 넘어지지 않는 문제를 만나게 됩니다. 다른 이와 함께 고민하면서 문제를 풀 수 있다는 희망이 생겨납니다. 서로 공감하고 지원해주면서 내 꿈에 자신감이 붙게 되는 것이죠. 내가 꾸던 꿈이 헛된 것이 아니라는 것을 실감하게 됩니다.

달빛은 손으로 잡을 수 없기에 더욱 아름답고 간직하고 싶어지듯이 꿈도 쉽게 이룰 수 없는 것이기에 더 아름답고 간절해지는 것입니다. 내 안의 물이 찰랑찰랑 달빛을 담기 좋은가요? 아무리 퍼내도 없어지지 않을 나만의 샘물에 달빛 같은 꿈을 띄워보기 바랍니다.

## 나만의 개성을 잃어간다는 느낌을 받았을 때

아침이면 무엇을 입을까 고민하며 거울을 본다. 나는 나만의 개성을 뽐낼 수 있는 패션을 즐긴다. 남들과 다른 색감을 좋아하고, 남들과 다른 스타일을 추구한다. 그렇다고 특이하거나 특별한 건 아니고 그저 트렌드를 좇지 않을 뿐이다. 하지만 때때로 유행을 따라 옷을 입기도 한다. 그럴 땐 무언가 잃은 듯 허전함이 밀려온다.

세상사람 그저 꽃을 보기 좋아할 줄 알지만
꽃이 꽃 되는 이유는 알지 못하네.
모름지기 꽃에서 생리를 보아야 하니
그런 뒤에야 꽃을 볼 수 있게 된다오. _꽃을 보는 법(看花吟, 박상현)

世人徒識愛看花 不識看花所以花
須於花上看生理 然後方爲看得花

【출전】《우헌집》 권1 【작자】 박상현(朴尙玄): 1629(인조7)~1693(숙종19). 자는 경초(景初). 호는 우헌(寓軒). 본관은 순천(順天). 저서로 《우헌집(寓軒集)》이 있다. 【주석】 徒(도): 다만, 단지. 그저. ○愛看花(애간화): 꽃을 보는 것을 좋아할 줄 안다. '愛'는 아끼다, 탐내다는 뜻. ○花所以花(화소이화): 꽃이 꽃 되는 이유. '所以'는 원인, 이유, 까닭. 근원적인 탐구를 하지 않고 겉만 좋아하는 세상 사람의 안목을 비판하고 있다. ○須(수): 모름지기. ○生理(생리): 삶의 결.

## 내가 나여야 하는 이유

최근 OECD 조사 결과 세계에서 수학 성적이 가장 좋은 나라로 한국이 꼽혔습니다. 각종 학력 평가에서도 우수한 순위를 기록했지요. 하지만 행복 순위는 최하위입니다. 성공의 기준은 옆집 친구보다 더 좋은 대학을 가고, 엄마 친구 아들보다 더 좋은 회사에 들어가는 것이 되어 버린 지 오래입니다. 위로 갈수록 점점 좁아지는 피라미드 같은 사회에서 어떻게든 끝까지 올라가기 위해선 남을 의식할 수밖에 없지요.

누가 뭘 해서 성공했더라 하면 따라하기 바쁘지요. 진로에 대한 질문을 던져 보면 더 확연하게 알 수 있습니다. 공무원, 고시, 공사 혹은 대기업. 더욱 안타까운 것은 많은 청춘들이 자신이 선택해놓고도 '왜?'라는 질문에는 '부모님이 원하시니까.' '내가 뭘 잘하는지 몰라서.'라고 대답합니다. 고등학교 때를 기억하시나요? 당장 눈앞에 수능이라는 큰 산을 두고 우리는 '왜 공부를 해야 하는지' 고민해 볼 이유도, 시간도 없었죠. 대학생이 된 지금 상황도 크게 다르지 않습니다.

개성이 있다는 것은 자신이 누구인지, 또 자신에게 무엇이 가장 잘 맞고 어울리는 것인지 잘 알고 있다는 말일 겁니다. 남들에게 어울리지 않는 아이템을 나에게 어울리도록 만든다면 그것이야 말로 진정한 나만의 개성이 되는 것이겠지요. 유행을 좇는 것을 경계하는 이유는 자신의 모습은 고려하지 않은 채 맹목적으로 따라한다는 것에 있습니다. 남들과 비슷하게 입더라도 그것이 정말 나에게 잘 어울리고 딱 맞는다고 하면 마다할 이유가 없을 것입니다. '당신은 왜 그 옷을 입나요?'라는 질문에 대답할 수 있어야 하는 거죠.

저마다 성장 과정이 다르고 그 속에는 이야기가 있습니다. 우리가 일반적으로 보는 모습은 겉모습에 불과합니다. 진짜 나를 찾으려면 나는 어떤 사람인지, 왜 그런 사람이 되려하는가를 한번 고민을 해봐야 할 것입니다. 진정으로 꽃을 좋아한다고 말하기 위해서는 꽃이 어떻게 자라났는지 알아야 하는 것처럼요. 자신의 개성은 내가 어떻게 자라왔고, 내가 무엇을 좋아하고 싫어하는지, 또 나의 꿈과 목표는 무엇인지 알고 실천하며 그것을 겉으로 드러낼 때 비로소 다른 사람도 느낄 수 있을 것입니다. 자신에 대한 애정과 탐구, 그리고 자신감이 비로소 진정한 나를 만드는 것이죠.

거울 속에 비친 자신의 모습이 다른 사람들과 같지 않은 나만의 모습이었으면 하나요? '왜?'라는 물음을 던져보세요. 그리고 그 물음에 나만의 색다른 대답들을 만들어보는 거예요. 그렇게 성실하게 나의 인생 이야기를 그려 나간다면, 같은 옷을 입고, 같은 행동을 하더라도 남들과 다른 자신을 발견하게 될 거예요.

## 내가 하고 싶은 일이 무엇일까 여전히 고민일 때

대학에 입학한 것이 엊그제인 듯한데, 벌써 3학년이다. 2학년 1학기만 해도 진로를 걱정하지 않았는데, 한 학기만 지나면 3학년이 되니 고민이 된다. 취업이 안 될 것 같다는 막연한 생각에 불안하기도 하지만, 정작 내가 무엇을 하고 싶은지 모르겠다는 것이 나를 미치게 만든다. 난 왜 이렇게 못난 것일까. 난 무엇을 하고 싶은 것일까.

산에 살면 호랑이, 표범이 두렵고
배를 띄우면 교룡, 이무기가 싫어라.
사람살이에 편안한 곳이 적나니
팔꿈치 아래에 하얀 검광이 번뜩이네.

차라리 길하든 흉하든 따르며
천명을 일단 내 것이라 믿으리라.
빨리 가기가 본래 바라는 바이지만
멈추는 일도 또한 어이 마다하랴.
시간은 강물처럼 흐르고
백년도 참으로 눈 깜짝할 새라오.
시를 지어 뱃노래로 부르나니
동트면 정녕 바람도 알아서 순조로우리. _예성강 바람(禮成江阻風, 이곡)

山居畏虎豹 水行厭蛟蜃
人生少安處 肘下生白刃
不如從險易 天命且自信
速行固所願 遲留亦何吝
日月江河流 百年眞一瞬
作詩相棹歌 明當風自順

【출전】《가정집》 권14 【작자】 이곡(李穀): 1298(충렬왕24)~1351(충정왕3). 자는 중보(仲父). 호는 가정(稼亭). 본관은 한산(韓山). 1320년(충숙왕7) 수재과에 합격했다. 시호는 문효(文孝). 저서로 《가정집(稼亭集)》이 있다. 【주석】 厭(염): 싫다. 많아서 싫증나고 물려하다는 속뜻을 갖고 있다. ○蛟蜃(교신): 교룡과 이무기. '蜃'은 이무기. 이무기가 기를 토하면 해시(海市), 즉 신기루가 생긴다고 한다. 그래서 '蜃'은 신기루란 뜻도 있다. ○肘下生白刃(주하생백인): '肘'는 팔꿈치. '白刃'은 칼날의 하얀 검광. 곧 아주 가까운 곳에서 위험이 도사리고 있음을 말한다. ○不如(불여): 본래 '가+不如+나'는 가는 나만 못하다는 비교형 구문이다. 즉 나의 상황이 더 낫다는 뜻. 여기서는 부사처럼 '차라리'로 풀었다. ○險易(험이): 길흉. '險'은 나쁜 일[惡], '易'는 좋은 일[善]을 뜻한다. ○遲留亦何吝(지류역하린): '遲留'는 멈춤, 머뭇댐. '吝'은 아끼다. '何吝'은 무엇을 아끼랴. 곧 살면서 멈추게 되는 상황을 만난다 하더라도 애써 아파하지 않고 순응하겠다는 뜻이다. ○日月(일월): 시간, 세월. ○棹歌(도가): 뱃노래. 어부가 노를 저으면서 불렀던 노래.

# 시계를 멈추고 나침반을 보세요

대학 3, 4학년 쯤이면 진로에 대해 심각하게 생각해보지 않은 사람은 드물 것입니다. 1학년에서 2학년이 됐던 때와는 전혀 다른 기분이죠. 좋아하는 것, 하고 싶은 일에 확신을 가지고 있는 사람도 있지만 어떤 것도 확실히 정하지 못한 사람도 많습니다. 무엇을 하고 싶어 하는지라도 안다면 좀 더 쉬울 텐데 그것조차 확실히 알지 못하니 어떤 쪽으로도 방향을 잡을 수가 없어 막막합니다. '이건 뭔가 남들 눈에 있어 보일 것 같아 좋을 것 같고 저건 공부하기 쉬워서 좋을 것 같고. 이건 돈을 많이 못 벌어 별로일 것 같고, 저건 또 남들이 안하는 거라 별로일 것 같고….' 그러다보면 어느새 20대 중반이 코앞에 와 있습니다. 여전히 아무것도 결정내리지 못하고 초조해하기만 하지요.

저도 제가 원하는 길을 순탄하게 걸어오지는 못했습니다. 저는 어렸을 적부터 선생님이 꿈이었습니다. 다른 일은 생각해 본 적도 없었습니다. 그러나 사범대에 들어가지 못했고 대신 한문학과에 입학했습니다. 뜻밖에도 한문학을 배우는 것 자체가 무척이나 즐거워 오히려 사범대에 못 간 것이 다행이라는 생각이 들 정도였습니다. 그러다가 갑자기 동양 철학에 관심이 가서 그쪽을 공부하기도 하고, 사서가 되고 싶어 문헌정보학과 수업을 듣기도 했지요. 대학은 이런 제 진로를 시험해 보기에 최적의 환경이었습니다. 지금 제 진로는 또 바뀌었고 그것은 제가 앞서 배워왔던 것들과는 별 관계가 없어 보이기도 합니다. 하지만 돌아온 시간이 의미 없는 것은 아니었습니다. 그 모든 것이 '나'라는 사람을 구성하는 요소가 되었습니다. 잠깐 해보고 금세 흥미를 잃기도 했지만 그 과정에서 내가 진정으로 좋아하는 것을 발견할 수 있었습니다.

우리의 인생은 변화무쌍하고 유기적입니다. 자신이 무엇을 좋아하고 잘 하는지 모르겠다면 이제부터 알아가면 됩니다. 나를 알아가는 과정이 그리 순탄치는 않겠지요. 선택과 수정의 연속일 것입니다. 저처럼 말이에요. 하지만 뜻하지 않았던 곳에서 정말 값진 인생의 이정표를 얻을 수도 있을 거예요. 선택이 틀렸다고 해서 끝이 아닙니다. 다시 시작점을 찍으면 됩니다. 이러한 일을 몇 번이고 가능하게 하는 것이 젊음이고 우리가 활용할 수 있는 최고의 재산입니다. 경험은 우리 삶을 풍요롭게 만들어 주고, 시야를 넓혀줄 것입니다.

노자는 말했습니다.

"발돋움하는 자는 서지 못하고, 큰 걸음으로 걷는 자는 가지 못하고, 스스로 나타내는 자는 뚜렷해지지 않고, 스스로 옳다고 하는 자는 나타나지 못하고, 자기 공을 자랑하는 자는 공이 무너지고, 자만하는 자는 오래가지 못한다. 이런 것들은 도에 있어서 찬밥이요 쓸모없는 행동이라, 누구나가 항상 이를 미워한다. 그러므로 도가 있는 자는 거기에 거처하지 않는다.(企者不立, 跨者不行, 自見者不明, 自是者不彰, 自伐者無功, 自矜者不長. 其在道也, 曰餘食贅行, 物或惡之, 故有道者不處)"

까치발로 억지로 커 보이려 하면 제대로 서 있지 못하고, 다리를 억지로 벌려 가다 보면 멀리 가지 못하고, 때를 못 참고 나서면 결국 주저앉게 되는 것이죠. 이 자리에 머물러 보는 것도 괜찮습니다. 당장 행동이 어렵다면 머릿속에서 지금의 고민을 넓혀보는 것도 좋겠죠. 한 발 나아갈 수 있는 발판이 될 것입니다. 사람은 누구나 빨리 앞으로 나아가고 싶어 합니다. 초조함은 조바심을 부르고 결국 섣부른 판단과 경솔한 행동을 낳습니다. 지금은 충분한 고민과 준비를 하기 좋은 시기입니다.

이 시기가 지나고 나면 조금 순조로워질 것입니다. 당신은 때에 맞는 고민을 하고 있습니다. 고민이 결여된 젊음은 매력적이지 않지요. 우리는 지금 푸른 봄(青春)에 있고, 앞에는 여름, 가을, 겨울이 기다리고 있습니다. 도무지 어디로 가야할지 모르겠다면 일단, 잠깐 멈춰보세요. 그리고 꿋꿋하게 다양한 경험과 구체적인 계획들을 만들어보는 거예요. 남들보다 조금 천천히 여름으로 넘어가도 괜찮아요. 오래 기다린 만큼 당신의 여름은 더욱 싱그러울 것입니다.

## 다들 자기 꿈을 찾아가는데 나만 뒤쳐져 있다는 생각이 들 때

강의실에서도 도서관에서도 다들 열심히 공부한다. 모두 미래를 위해 진지하게 살아가고 있는 것 같다. 나는 그렇지 못하다. 책을 봐도, 대화를 해도, 술을 먹어도 뭔가 허전하다. 자기 생각을 분명하게 말하는 친구들에 비해 난 내 의견도 제대로 표현하지 못한다. 자신 없는 내 모습이 너무 못나 보인다.

관리 되어 도를 행하려 했으나
실의에 젖어서 시골 내려왔네.
처음 계책 정말 이미 잘못되어
늦게나마 그래도 자신을 보전한다오.
밭이랑 사이서 부지런히 일하며
마음껏 즐기며 누에와 삼을 기르노라.
어찌 감히 풍요와 여유를 구하랴
죽이라도 먹게 되면 다행이리. _나를 지키다(歸田漫賦, 장유)

作官欲行道 失意因歸田
始計良已謬 晩途聊自全
勤勞畎畝間 游戲桑麻邊
豈敢求贏餘 願給粥與饘

【출전】《계곡집》 권5 【작자】 장유(張維): 1587(선조20)~1638(인조16). 자는 지국(持國). 호는 계곡(谿谷), 묵소(默所). 본관은 덕수(德水). 1606년(선조39) 진사시에 합격했다. 대

사헌, 대사성, 대사간 등을 지냈다. 저서로 《계곡집(谿谷集)》이 있다. 【주석】 作官(작관): 벼슬살다. ○歸田(귀전): 고향으로 돌아오다. 도연명(陶淵明)의 〈귀거래사(歸去來辭)〉 이후로, 벼슬을 그만두고 고향으로 돌아와 자신의 본성을 찾아가는 것을 '歸田'이라고 표현한다. ○聊(료): 애오라지, 그럭저럭, 그나마, 그런대로. ○自全(자전): 자신을 보전한다. 상처받고 헐은 몸과 마음을 온전하게 갖추다는 뜻이다. 시안자다. ○畎畝(견무): 밭두둑. ○豈敢求贏餘(기감구영여): '豈敢'은 어찌 감히 ~하리요. 반어형. '贏餘'은 나머지. 잉여. 즉 제몫을 채우고 남은 것. ○粥與饘(죽여전): '與'는 ~와. '粥', '饘'은 모두 죽. 전자는 말간 죽, 후자는 진한 죽을 말한다.

## 자신만의 속도로 달리세요

〈블랙〉이라는 인도영화를 보신 적 있나요? 선천적인 맹인이자 귀머거리인 주인공은 열의에 찬 선생님을 만나고 보통 사람과 똑같은 교육을 받고 대학에 진학합니다. 불행히도 선생님은 알츠하이머에 걸려 주인공을 알아보지 못하지만 결국 선생님에게 자신을 기억하게 한다는 감동적인 내용의 영화입니다. 영화 속 선생님은 특수 교육법을 배운 적도 없고 알츠하이머를 앓고 있었습니다. 이러한 여건 속에서 단 하나 중요한 건 자신이 무엇을 하고 싶고 어떻게 해야 하는지였습니다. 다른 사람들이 하는 말은 문제가 되지 않았습니다. 자신의 신념을 믿었기에 모두가 포기한 아이에게 기적을 가져다줄 수 있었죠.

모두들 저마다 방식으로 목표를 향해 나아가고 있습니다. 출발선도 다르고 속도도 다르고 도착점도 다릅니다. 나와 남을 비교할 수 있는 절대적인 기준도 없습니다. 나는 나이고, 남은 남입니다. 그런데 왜 우리 눈에는 남보다 못한 내 자신이 자꾸 밟히는 걸까요? 영화 속 선생님과는 달리 우리는 주변의 영향을 많이 받습니다. 자신의 신념보다는 남들의 평가에 의존하는 것이죠.

"굶주린 사람은 달게 먹고 목마른 사람은 달게 마신다. 이것은 음식의 올바른 맛을 알지 못하는 것이니 굶주림과 목마름이 해친 것이다. 어찌 입과 배만이 굶주림과 목마름의 해를 입겠는가? 사람의 마음 또한 이런 해가 있다. 사람이 능히 굶주림과 목마름 때문에 마음의 해를 입지 않는다면 남에게 미치지 못함을 근심하지 않을 것이다(孟子曰, 飢者甘食, 渴者甘飮, 是未得飮食之正也, 飢渴害之也. 豈惟口腹有飢渴之害? 人心亦皆有害. 人能無以飢渴之害爲心害, 則不及人不爲憂矣)"

맹자의 말입니다. 마음의 굶주림과 목마름이 자꾸 조급함을 만들어내고 나를 작아지게 합니다. 남과 비교하며 뒤처지는 것 같다고 생각할수록 위축되고 할 수 있는 것도 지레 겁먹고 포기하게 됩니다. 자신감이 있는 사람들은 눈빛부터 다릅니다. 다른 사람을 부러워하지 않죠. 흔들림 없이 자신의 길을 갈 수 있다는 것은 참 대단한 일입니다. 그런 자신감을 가지기까지 끊임없이 부딪히고 좌절했겠지만 그 과정을 통해 더욱 단단해졌겠죠. 내가 무엇을 하든 어디에 있든 중요한 것은 스스로 만족하느냐 일 것입니다.

나에게 문제가 많아서 남들보다 뒤처지는 것이라 생각하지 마세요. 당신은 이제 막 등번호를 달고 발걸음을 떼었습니다. 내 옆을 쌩쌩 지나치는 사람들을 그저 멍하니 바라만 보다가는 이 경주를 완주할 수 없습니다. 앞서 나가는 그들이 부럽다면 나도 뛰기 시작해야겠죠. 숨이 찰 땐 잠시 걷고, 속도를 낼 땐 전력을 다하는 겁니다. 남들이 뛸 때 따라 뛰는 게 아니라 자신의 페이스를 유지해야 합니다. 누구나 자신의 속도가 있습니다. 열등감을 떨치고 나만의 속도로 자신감을 실어 한 발 한 발 전진하는 당신이 되길 바랍니다.

# 글로 나를 표현하고 싶은데 마음대로 안 될 때

내 생각을 글로 잘 표현하고 싶다. 생각을 잘 정리해서 조리있는 글을 쓰고 싶다. 친구들과 영화를 보거나 책을 보고 짧게 감상문을 적어 서로의 글을 바꿔 읽어보면 내 글이 너무 부끄러워서 몸 둘 바를 모를 때가 많다. 고등학생 때보다 글쓰기가 더 부담스럽다. 채워나가야 할 백지를 보기만 해도 울렁거린다. 자꾸 글 쓰는 것을 피하다 보니 바보가 되어가는 것 같아 고민이다. 그렇다고 말솜씨가 뛰어난 것도 아니다. 의사소통은 말과 글을 통해 하는 것이라는데…. 차라리 춤이라도 배워볼까? 말로, 글로 안 되면 몸으로라도 나를 표현하고 싶다.

하나는 하얗게, 그리고 하나는 붉게
산속 뜨락에 서로 꽃을 피우네.
누가 보지 않아도 개의치 않고
그대로 제 몸을 봄바람에 맡기네. _붉은 복사꽃, 하얀 복사꽃(紅碧兩桃, 김상헌)

一白復一紅 交開山院中
不嫌人不見 猶自託春風

【출전】《청음집》 권1 【작자】 김상헌(金尙憲): 1570(선조3)~1652(효종3). 자는 숙도(叔度). 호는 청음(淸陰), 석실산인(石室山人), 서간노인(西磵老人). 본관은 안동(安東). 1590년(선조23) 진사시에 급제했다. 성균관 직강, 직제학, 대사간, 홍문관 제학 등을 지냈다. 저서로 《청음집(淸陰集)》이 있다. 【주석】 山院(산원): 산속에 마련된 뜨락, 별원(別院), 혹은 산사. ○不嫌(불혐): 꺼리지 않다, 개의치 않다, 싫어하지 않다. ○猶(유): 오히려, 하던 대로, 그대로, 여전히. 곧 주위 상황에 흔들리지 않고 제 길을 가는 모습을 보여주는 글자다.

# 진심이 있는 글은 통합니다

글쓰기는 거창한 준비 없이도 펜과 종이만 있으면 가능하죠. 요즘에는 다양한 디지털 기기가 있으니 글쓰기가 더 쉬워졌습니다. 하지만 자세만 잡는다고 술술 써지는 건 아니죠. 글이나 말을 통해 상대의 마음을 열어 공감을 얻어내기 위해서는 오랜 세월 노력이 쌓여야 합니다. 추사체로 유명한 김정희는 글을 쓸 때 가장 꺼려야 할 일이 마음이 거칠거나 빨리 하려고 욕심을 내는 것이라고 했습니다. 조급함을 멀리 하고 진득하게 글을 써 나가는 자세가 필요하다는 것이죠.

"글쓰기의 전제는 상대에게 반드시 전하려 하는 게 무엇인지를 파악하는 것이다. 빼어난 문장, 화려한 문장, 품격 있는 문장이라는 것은 없다. 정확하고 간결한 문장이라는 이상만 있을 뿐이다."

'세상을 바꾸는 시간, 15분(세바시)'에서 〈한겨레신문〉 구본준 기자가 글쓰기에 대한 자신의 생각을 이렇게 전하더군요. 지나친 미사여구나 쓸데없이 어려운 문장으로는 독자를 감동시킬 수 없겠지요. 핵심을 잘 전달할 수 있는 문장을 쓰는 것이 중요합니다.

글을 잘 쓰기 위해서는 많이 읽고 많이 쓰는 것 외에는 왕도가 없습니다. 운동선수가 하루도 빼놓지 않고 훈련하듯이 글솜씨도 숙련의 과정이 필요한 것이지요. 당나라의 두보도 "내 타고난 성미가 좋은 시구를 탐하노니 남을 놀라게 하지 못하면 죽어도 그만두지 못하네.(爲人性癖貪佳句, 語不驚人死不休)"라고 했을 만큼 죽을 각오로 치열하게 시구를 다듬는 데 골몰했습니다. 천재라고 칭송 받았던 백거이의 글에서도 문장을 매만지고 뜯어 고친 흔적이 헤아릴 수 없이 많았다고 하지요.

글을 잘 쓰고 싶다면 지금부터 꾸준한 글쓰기를 시작해보는 것이 좋습니다. 거창한 글이 아니라 일기를 쓰는 것도 좋습니다. 저는 초등학교 때부터 일기를 써 오고 있습니다. 어렸을 땐 숙제니까 어쩔 수 없이 했는데 중학교 때부터는 습관이 되었지요. 하루 동안 내가 느낀 점들을 자유롭게 쓰다 보면 솔직한 표현을 할 수도 있고 감정에 푹 빠져 글이 이어질 때도 있었습니다. 그러다 보면 간혹 좋은 문장이 얻어걸린 적도 있지요. 지금은 일기를 쓴 것이 많은 도움이 되었다는 확신이 듭니다. 예전에 쓴 글들을 다시 읽어보면 좋은 글들은 모두 간결하고 솔직한 내용이었습니다. 진심을 담아 쓴 글은 어떤 미사여구보다도 아름답습니다. 자신의 이야기를 담은 일기를 써 보는 것을 추천합니다.

봄바람을 타고 붉은 복사꽃과 하얀 복사꽃이 피었습니다. 남들이 보든 말든 복사나무는 제 빛깔을 마음껏 발산합니다. 꽃이 그러하듯 사람도 자신의 색을 표현할 수 있습니다. 좋은 글을 쓰고 싶다는 욕심처럼 좋은 계기는 없습니다. 원하는 문장을 위해 몇 번이고 다시 써 보세요. 자신의 이야기를 담기 위해 몇 번이고 생각해 보세요. 언젠가 좋은 글로 당신을 만나길 기대해 볼게요.

## 몸은 젊은데 마음은 무덤덤해지네

집착이 사라져 간다. 사실 집착은 좋아하는 마음이 지나쳐 무언가에 들러붙는 감정이다. 가끔은 상대를 아껴주고 싶은 마음이 집착이 되어 상처를 주기도 한다. 하지만 이는 열정이 있기에 가능한 것이 아닐까? 나도 전에는 열의도, 집착도 있었다. 지금은 어떤 일을 끝내고 나면 허무할 뿐이다. 성과가 있어도 '그래서 이게 뭘 어쨌다는 거지?' 하는 생각이 먼저 든다. 불의를 보고 불쑥 치미는 화도 부질없고, 오랜만에 마주친 사람과 활짝 웃다가도 금세 무표정해진다. 사람도, 물건도, 내 마음마저도 '그냥 그런가보다' 하는 무덤덤함. 청년의 패기는 어디론가 사라져버린 것 같다. 별 문제없이 잘사는 듯한데, 이 무덤덤함이 삶의 의욕까지 앗아가는 것은 아닐까?

백 척 소나무 오래되었거니
일찍이 몇 번 눈서리 겪었던고.
바람 받은 가지는 본래 우뚝 솟았고
빽빽한 이파리는 반나마 시들었네.
뉘라서 알리, 세한에도 짙푸르렀거늘
되레 가을풀처럼 누래졌구나.
그래도 남을 손, 곧은 줄기 있어
또한 명당의 들보 될 수 있으리. _아픈 소나무(病松, 이직)

百尺蒼髯老 曾經幾雪霜
風枝元崛起 雲葉半凋傷
誰識歲寒翠 反同秋草黃
猶餘直幹在 亦足棟明堂

【출전】《형재시집》 권2 【작자】 이직(李稷): 1362(공민왕11)~1431(세종13). 자는 우정(虞庭). 호는 형재(亨齋). 본관은 성주(星州). 1377년(우왕3) 문과에 합격했다. 대사헌, 영의정부사, 좌의정 등을 지냈다. 저서로 《형재시집(亨齋詩集)》이 있다. 【주석】 蒼髯(창염): 푸른 수염을 지닌 늙은이, 즉 소나무의 별칭이다. ○風枝(풍지): 바람에 흔들리는 나뭇가지. 혹은 나뭇가지에 바람이 불다. ○崛起(굴기): 기세가 우뚝 솟아오르다. ○雲葉(운엽): 빽빽한 나뭇잎. ○誰識(수식): 뉘라서 알랴. 반어형 구문이다. ○明堂(명당): 옛날 임금이 조회하고 율령을 반포하거나 조종에 제사를 지내던 곳이다.

# 언제든 타오를 불씨를 지닌 사람 그대여라

'청춘' 하면 어떤 말이 가장 먼저 떠오르나요? '타오르는 청춘의 열정', '식을 줄 모르는 젊음의 패기'…. 젊은 우리는 언제나 어디서나 끓어올라야 하는 존재인 듯합니다. 나를 제외한 모두가 무언가에 열중하는 것 같고 그런 사람들을 보면 열정이 차갑게 식어버린 내 모습이 초라해 보일 수도 있을 거예요. 《장자·제물론》에 이런 이야기가 나옵니다.

"남곽자기는 작은 책상에 기대 앉아 하늘을 우러러 긴 한숨을 내쉬고 있었는데, 멍한 모습이 마치 정신이 육체를 떠난 듯 보였다. 그를 시중들던 제자 안성자유가 이를 보고 물었다. '어찌 된 일입니까? 형체란 본래 마른 나무처럼 될 수 있고, 마음도 불 꺼진 재처럼 될 수 있는 겁니까? 오늘 앉아 계신 모습이 전과 같지 않습니다.'(南郭子綦隱机而坐, 仰天而噓, 荅焉似喪其耦, 顏成子游立侍乎前, 曰. 何居乎? 形固可使如槁木, 而心固可使如死灰乎? 今之隱机者, 非昔之隱机者也)"

어릴 적 캠프파이어에서 활활 타오르던 모닥불은 참으로 인상적이었습니다. 장작이 다 타들어갈 즈음이면 불길도 사그라졌지만 기름을 부으면 이내 다시 활활 타올랐습니다. 시간이 지나면 불꽃은 또 작아졌고 나무더미 속에서 빨간 불빛을 찾을 수 있었습니다. 죽은 줄로 알았던 불이 숯불이 되어 숨 쉬고 있는 것이죠. 활활 타오를 때와는 다른 모습으로 그 뜨거움을 간직하고 있습니다.

젊음에 무뎌짐을 걱정하는 당신은 숯불과 같습니다. 꺼져버린 불꽃이 아니라 언제든 다시 타오를 수 있는 사람입니다. 지금의 무덤덤함이 당신을 영원히 무기력하게 만들지는 못할 것입니다. 당신의 삶이 허무하고 아름답지 못한 것이 아니에요. 당신이 아직까지 만나지 못한 재미있는 일들, 당신의 가슴을 뜨겁게 할 만한 일들이 분명히 기다리고 있을 것입니다.

삶이 무덤덤하다고 해서, 지루하다고 해서 모든 것을 놓지는 마세요. 지금까지의 살아온 이야기를 종이에 한번 써 보는 건 어떨까요? 어린 시절 친구와 다투었던 일부터 대학에서 열정을 쏟았던 일까지…. '그때 내가 어떻게 했는지, 무엇이 아쉬웠는지, 무엇을 배웠는지' 죽 적어 내려가는 겁니다. 묘목이었던 때부터 가지가 하나둘 났던 때를 곱씹어보면 생각보다 당신은 훨씬 멋지고 대단한 사람이었음을 알게 될 것입니다. 지금까지 의미를 알 수 없었던 일들이 의미를 찾아가면서 타닥타닥 다시 작은 불씨로 변할 거예요. 언제든 타오를 불씨를 지니고 있는 사람, 바로 당신입니다.

## 설레는 마음을 되찾고 싶다

청춘을 알차게 보내기 위해 필요하다고 생각했던 것과 그동안 하고 싶은 일들을 지금껏 나름대로 열심히 해 오고 있다. 새로운 시작이라는 설렘으로 가득 찼던 내 모습이 떠오른다. 그런데 너무 많은 에너지를 쏟아 부었던 탓일까. 요즘 들어서는 그런 일들이 시시하게 보인다. 생각해 보면 무모해 보이기까지한 도전에 자긍심을 느끼고 만족도 했었다. 그런데 어느 순간 허무함이 밀려온다. 자극을 받을만한 동기도, 새로운 사람도 눈에 띄지 않는다. 전에는 사람을 만나는 것 자체에서 소소한 행복을 느꼈던 것 같은데…. 나이가 들면 가장 안타까운 점이 설렘이 없는 것이라고 한다. 지금 내가 긴 슬럼프에 빠진 것인지 아니면 나이가 들어가면서 겪는 통과의례와 같은 과정인지 알 수는 없지만 설렘을 되찾고 싶다. 어떻게 해야 할까?

살면서 마음먹었던 일 어느새 틀렸으니
어쩌랴, 게으름이 열 배나 는 것을.
낮잠 자다 깨어보니 꽃 그림자 옮아갔고
잠시 어린아이 데리고 새 연꽃을 보노라. _어쩔 수 없는 게으름(慵甚, 이첨)

平生志願已蹉跎 爭奈慵疏十倍多
午寢覺來花影轉 暫携稚子看新荷

【출전】《동문선》 권22 【작자】 이첨(李詹): 1345(충목왕1)~1405(태종1). 자는 중숙(中叔). 호는 쌍매당(雙梅堂). 본관은 신평(新平). 1365년(공민왕6) 진사시에 합격했다. 고려에서 공조판서 등을, 조선에서 예문관 대제학 등을 지냈다. 저서로 《쌍매당협장집(雙梅堂篋藏集)》이 있다. 【주석】 蹉跎(차타): 원래 실족하다는 뜻으로, 어긋나다, 때를 놓치다는 말이다. ○爭奈(쟁내): 어찌 할꼬, 어떻게 하랴. '爭'은 어찌, 즉 '하(何)'와 같은 뜻이다. ○慵疏(용소): 게으르다, 한가로이 지내다. 疏慵(소용)과 같은 뜻이다. '疏'는 성글다, 대충하다는 뜻. ○覺來(교래): 잠에서 깨어보니. '覺'는 음이 '교'. ○花影轉(화영전): 꽃그림자가 옮아가다. 즉 시간이 이슥해졌음을 뜻한다. ○稚子(치자): 어린아이를 이른다.

## 새로움을 위한 긍정적 게으름

무엇인가에 설렌다는 것은 참으로 멋진 일입니다. 살짝 들뜬 기분이 들면서 입가에 슬며시 미소가 감돌게 됩니다. 심장은 두근거리고 의욕에 불타오르지요. 설렘은 능력을 더욱 효과적으로 발휘할 수 있도록 돕고, 열정을 불러일으키기도 합니다. 하지만 이러한 설렘이 오랫동안 유지되는 건 아니죠. 그토록 나를 설레도록 했던 것들이 시간이 지나고 반복되면 그저 그런 일상으로 자리 잡습니다.

열정이라는 말은 애정에 뿌리를 둔 말입니다. 어떠한 일에 열렬한 애정을 가지고서 열심히 하는 것이 열정입니다. 지금 우리 사회는 청춘에게 잘못된 열정을 강요하고 있는지도 모릅니다. 그들이 잘 할 수 있는 일, 그들이 진정 좋아하는 일에 열심을 내기 보다는 기성세대가 바라는 인간상이 되는 것, 기업이 원하는 인재가 되는 일에만 열심이길 요구합니다. 맹렬하게 무언가를 시작하고 준비하지만, 왜 하는지도 모른 채 그저 남들이 다 하는 일이니까 열심히 합니다. 하지만 우리의 가슴은 미적지근하기만 하죠. 결국 '내가 왜 이걸 하고 있지?' 하는 자문을 하게 됩니다. 목적지를 모른 채 달려가기 때문입니다. 정작 가슴 뛰는 일을 시작하기엔 두 가지 생각이 우리를 붙잡습니다.

'무엇이 나를 설레게 하는 일일까?'

'지금 여건에서 그 일이 나에게 가능한가?'

꼬리에 꼬리를 무는 고민은 결국 상상 속에서 이미 나를 단념시키고 맙니다.

조지 오웰은 헨리 밀러의 작품을 이렇게 평했습니다.

"밀러의 작품을 5페이지, 10페이지 읽으면 당신은 희한한 위안을 받게 된다. 당신이 그 작품을 이해하는 게 아니라, 작품이 당신을 이해하는 것 같은 느낌이 든다."

예전 당신이 뭔가를 시작했을 때는 그 상황이 당신을 완전히 이해하고 위안을 준다는 느낌을 받았을 거예요. 그 순간에 완전히 동화된 당신은 설렘과 성취감을 느낄 수 있지요. 하지만 한 해, 두 해 지나고 지난 활동을 되돌아보면서 그 상황을 분석하고 이해하려 노력하게 됩니다. '이것들을 통해 난 뭘 얻었지? 계속해도 될까?' 하고 말이죠.

치열한 인생을 헤쳐 나가다 보면 팽팽했던 끈이 툭 끊어지고 권태에 빠질 때가 있습니다. 시인은 주변의 모든 것이 성가셔지기도 하지만 뭐라도 해야 할 것 같아 아이를 데리고 연꽃을 보러 나갑니다. 그 아이는 환하게 피어있는 연꽃에 매료되었겠지요. 하지만 우리는 그 꽃의 화려함이 언젠가는 질 한 순간의 아름다움이란 걸 알기에 아이가 연꽃에서 느끼는 것과는 사뭇 다른 감정을 느끼게 될 것입니다. 인생을 겪으면서 연꽃에 대한 마음이 달라진 것이죠. 시간은 물처럼 흐르고, 세상은 계속해서 움직여 바뀌니 나의 생각도 변할 수밖에 없습니다.

대학생활의 최고 가치는 새로운 사람들을 많이 만나고 좀 더 다양한 경험을 하는 것이었다고 가정해 봐요. 그 가치를 찾기 위해 당신은 수없이 도전을 했죠. 다양한 활동을 하고 공부도 하면서 당신이 꿈꾸었던 가치는 실현되었습니다. 그러나 이제 시간이 흐르고, 당신의 마음도 변하면서 추구하는 가치는 예전과 조금 달라졌습니다. 그것이 당신을 지금 힘들게 하고 있는 것이지요.

아무런 설렘도 없이 인생이 무덤덤한 지금, 당신은 가치가 변하는 과정에 서 있는 것입니다. 약간의 게으름을 부려야 할 시기입니다. 게으름을 부리면서 지금 나만의 가치가 무엇일지 다시 찾아가는 것이죠. 조금 느슨해져버렸지만 이내 아침저녁으로 변하는 꽃의 그림자에서도 새로운 가치를 찾을 수 있을 겁니다. 앞으로의 인생을 위한 나만의 가치를 재발견했나요? 그럼 이제 가슴이 뜨거워질 일만 남았네요.

# 세상에 홀로 남겨진 듯한 고독감이 밀려올 때

친구들과 만나 신나게 수다를 떨고 집에 돌아오니 갑작스런 정적이 나를 공격한다. 조금 전 까지만 해도 즐거운 듯 이야기 하던 내 모습은 다 거짓말 같다. 세상에 나만 홀로 남은 기분. 눈물이 난다. 외롭다. 친구에게 전화를 건다. 신호만 갈 뿐, 답이 없다. 누가 고독이 청춘을 성장시킨다고 했던가.

산 저물자 푸른빛은 아스라하고
달빛이 성근 숲에 흩어지네.
유인이 텅 빈 집에 앉으니
온갖 소리 잠잠해지며 바야흐로 가라앉네.
시냇가의 꽃향기에 숨은 꽃을 알겠고
골짝의 메아리에 깃든 새를 아노라.
우연히 찾아온 터라 본래 기약 없었거든
외려 망각할 사 한가로운 밤은 깊었네.
몸을 일으켜 뜨락을 거니노라니
대나무 잣나무가 맑은 그림자 어울렸고
미풍이 솔숲 사이로 불어와
나에게 본심을 일깨워주네.
편안하기가 성령에 맞으니
마침내 속세 밖의 마음을 얻노라.
떠나려다 다시 머뭇거리는데
바위틈 샘물소리 울림이 있구나.

_봄날 밤에 풍계에 이르러서 짓다(春夜, 偶至楓溪, 與士興昆季晤語. 翼朝, 賦此寄之, 김창협)

山暝曖蒼翠 月華散疎林
幽人坐虛閣 萬籟靜方沈
澗芳識幽花 谷響聞棲禽

偶至本無期 却忘閒夜深
起來步庭除 竹柏交淸陰
微風松際來 爲我吹素襟
怡然適性靈 遂獲塵外心
欲去復遲回 巖泉有遺音

【출전】《농암집》 권1 【작자】 김창협(金昌協): 1651(효종2)~1708(숙종34). 자는 중화(仲和). 호는 동음거사(洞陰居士), 한벽주인(寒碧主人), 삼주(三洲), 농암(農巖). 본관은 안동(安東). 1669년(현종10) 진사시에 합격했다. 대사간, 대사성, 대사헌 등을 지냈다. 저서로《농암집(農巖集)》이 있다. 【주석】 蒼翠(창취): 초목의 푸른 빛. ○月華(월화): 달빛. ○幽人(유인): 은자. 여기서는 작자 자신을 두고 말한 것이다. ○萬籟(만뢰): 자연이 내는 모든 소리. ○澗芳(간방): 시냇가의 꽃에서 풍기는 향기. ○素襟(소금): 본래의 마음, 평소 품은 생각. ○怡然(이연): 편안한 모양. ○性靈(성령): 사람의 정신, 성정(性情), 정감. ○塵外心(진외심): 세상 밖의 마음. 즉 속세를 넘어서는 정신을 뜻한다. ○巖泉(암천): 바위틈으로 나는 샘물. ○遺音(유음): 세상에 다시없는 음악, 아주 좋다고 인정받는 소리, 즉 옛날부터 전해오는 성인의 음악을 말하는데, 여기서는 물소리를 두고 말한 것이다.《예기·악기》에 "〈청묘(淸廟)〉를 연주하는 슬(瑟)은 실을 붉게 누이고 음공이 넓어 느긋하게 소리나니… 예부터 전해오는 음이 있었다[淸廟之瑟, 朱弦而疏越…有遺音者矣]"고 했다.

## 고독, 자신과 친해지는 축복의 시간

人. 사람이 서로 기대어 있는 모습을 그리고 있습니다. 사람은 많은 사람 사이에서 함께 어우러져 살아가야만 하는 존재일까요. 친구들과 방금 전까지 웃고 떠들며 시간을 보냈음에도 혼자 남겨진 시간에는 왠지 모를 공허함을 느낍니다. 혼자 도서관에서 공부를 하다 잠깐 들른 편의점에는 사람들이 도란도란 다정하게도 모여 있습니다. 학교를 나설 때도 삼삼오오 무리지어 가는 사람들을 보면 혼자인 내 모습이 괜히 처량하게 느껴지기도 하죠.

혼자에 서툰 사람들은 고독감을 벗어보려 어떻게든 누군가와 함께

하려 합니다. 영화도 함께 보러 가고, 점심도 함께 먹고, 괜히 누군가에게 문자나 전화를 해보지요. '내가 이래봬도 친구가 많아. 난 정말 외향적인 사람이야!' 하고 누군가에게 보여 주려는 듯이 말이죠. 우리는 타인과 끊임없이 상호작용 하면서 사람들 사이에서의 나의 존재를 확인하고 확인받고 싶어하는지도 모르겠습니다. 늘 많은 사람 사이에 둘러싸여 있는 사람만이 성공한 것처럼 보이고요.

혁신의 아이콘인 애플의 공동창업자 스티브 워즈니악은 고독 속에서 새로움을 만들어냈습니다. 진화론을 만들어 낸 찰스 다윈은 저녁식사에 초대받는 것보다도 혼자 숲길을 거닐기를 좋아했지요. 《콰이어트》의 저자 수잔 케인은 "고독은 창의성의 열쇠"라 했고, 현대극의 아버지라 불리는 헨리크 입센은 "가장 강한 자는 고독한 자"라 했습니다.

고독의 시간이란 온전히 나만을 위한 시간입니다. 여러 사람과 함께 일 때는 시간을 1/n로 나누어 사용하게 됩니다. 셋이서 오순도순 한 시간을 함께 보낸다고 하면, 한 시간을 세 명이서 채워나가는 것이니 시간이 금방 지나가버리지요. 혼자 있을 때는 나 혼자 한 시간을 채워야 합니다. 특별히 주어진 일이 없다면 이 시간은 너무도 막막합니다. 평소 혼자 하는 취미를 즐기는 사람이거나 혼자인 것 자체를 즐기는 사람이 아니라면 말입니다. 하지만 달리 생각해보면 혼자 있는 시간은 남들보다 n배는 더 많은 시간이 주어진 것입니다. 이 시간은 활용하기 나름입니다. 당신이 무엇을 하더라도 모두 당신 것이 되는 황금의 시간이 바로 혼자 있는 고독의 시간인 것이죠.

모든 소리가 잠잠해지고 고요해질 때, 시냇가의 꽃향기가 은은하게 풍겨오고 골짜기에서 새의 지저귐이 메아리쳐옵니다. 이전에는 알지 못했던 새로운 것들이 하나씩 다가오기 시작하죠. 생각지도 못한 또 다른 세상과 마주하게 됩니다. 나중에는 혼자만의 시간이 아쉬워지기까지 합니다.

쉴 틈 없이 앞으로만 내달리고 있는 우리에게, 지금 찾아온 고독과 적막은 시간이 주는 작은 선물입니다. 바쁜 일상으로 인해 잊었던 나를 다시금 찾아보는 시간으로 만들어 보세요. 타인을 향한 시선은 잠시 거두고 내면에 집중해 보세요. 24시간이 모자랄지도 몰라요. 혼자 남겨진 지금은 자신과 조금 더 친해질 수 있는 축복의 시간입니다.

## 내가 원하는 것을 얻기 위해 꼭 다른 사람과 경쟁해야 하는가?

대학이 내게 안겨준 교훈이라면 내가 하고 싶은 것을 얻기 위해 다른 사람과 경쟁을 할 수밖에 없다는 사실이다. 하다못해 듣고 싶은 강의를 먼저 수강하기 위해 경쟁해야 하고, 학점을 잘 받기 위해 경쟁해야 하며 취업정보를 얻기 위해서도 남보다 한 발 앞서야 한다. 자유롭게 학문을 연마하는 대학마저 이러한데, 사회에 나가서는 살아남기 위해 얼마나 더 치열하게 경쟁해야 할지 벌써부터 막막하다.

자네의 재기는 수레를 탈만 하거든
강호에 자취 감추고 그저 방랑하는구나.
술을 싣고 배를 타니 풍광은 나른하고
꽃 심고 지팡이 짚으니 달빛도 허허할 사.
옛 학문에 뜻을 두니 오직 마음일지라
새 시를 지어대니 더욱 문채로울시고.

우로는 하늘이 응당 내리는 것이요

직장은 위세와 명망이 주려를 압도하네. _요월정(邀月亭韻, 기대승)

夫君才氣合乘車 遁跡江湖放浪餘
載酒引船風色嬾 藝花扶杖月華虛
經心舊學惟心也 脫手新詩更賁如
雨露九天應下漏 直長威望壓周廬

【출전】《고봉집》 권1, 보유. 【작자】 기대승(奇大升): 1527(중종22)~1572(선조5). 자는 명언(明彦). 호는 고봉(高峯), 존재(存齋). 본관은 행주(幸州). 1546년(명종1) 진사시에 합격했다. 시호는 문헌(文憲). 저서로 《고봉집(高峯集)》이 있다. 【주석】 才氣(재기): 재주와 기상. ○乘車(승거): 수레를 타다. 벼슬을 하거나 위망이 높아 말이 끄는 수레를 타고 다니는 것을 말하고 '안거(安車)'라고도 한다. ○遁跡(둔적): 자취를 감추다. 은거하다. ○放浪餘(방랑여): '餘'는 남다. 즉 남은 것은 방랑뿐이라는 것으로, 그저 방랑하다는 뜻이다. ○引船(인선): 배를 몰다. 배를 타다. '引'은 방향을 조종하다는 뜻을 갖는다. ○風色(풍색): 풍광, 경치. ○嬾(난): 느긋하다, 나른하다, 여유롭다. ○藝花(예화): 꽃을 심다. ○經心(경심): 마음을 두다. 뜻을 붙이다. ○脫手(탈수): 시문을 짓다. '출수(出手)'라고도 한다. ○賁如(분여): 문채롭게 아름다운 모양. ○雨露(우로): 비와 이슬, 곧 은혜, 은덕. ○九天(구천): 하늘, 혹은 임금. 옛날 하늘에는 아홉 개의 하늘이 있다고 전한다. 이를 '구중천(九重天)'이라고도 한다. ○下漏(하루): 본래 누호(漏壺)에 떨어지는 물로 시각을 재는 물시계. 그러나 여기서는 물방울이 떨어지다, 내리다는 뜻만을 취한다. ○直長(직장): 군기감(軍器監)의 종7품관. ○周廬(주려): 옛날 황궁을 호위하기 위해 설치한 군막.

## 경쟁은 싸움이 아니라 함께하기

"이번에 공부 제대로 못해서 시험 망칠 것 같아."

분명 마냥 놀기만 하진 않았을 텐데 시험기간만 되면 다들 공부했다는 말은 건너뛰고 놀았다는 것만 부각해서 말하곤 하죠. 그러면 친구들이 안심해서 공부를 하지 않을 거라는 의도가 깔린 견제의 말이죠. 중·고등학교 때 주로 쓰는 수법(?)이긴 하지만 대학에 와서도 시험기간에 이런 대화가 종종 오갑니다. 시험은 결국 등수 매기기니까요. 공부에 욕심이 있다면 남보다 조금 더 좋은 점수를 받고 싶은 게 당연하겠죠.

언젠가부터 다른 사람들을 의식하면서 자신을 다그치는 우리를 봅니다. 경쟁에 너무도 익숙해져 있죠. 주위 사람들은 뭘 하는지 항상 매의 눈으로 경계하고, 남들보다 더 잘 나가려고 기를 씁니다. 성패의 기준은 항상 남과의 비교입니다. 치열하게 대학에 들어왔더니 여기서도 경쟁의 연속이죠. 심지어 수강신청 하는 것도 카운트다운이 필요합니다. 수만 학생 가운데 승자가 되느냐 패자가 되느냐가 단 1초 만에 결정이 나버리니 이렇게까지 치열하게 해야 하나 회의감이 들 때가 많지요. 1등을 죽어라 쫓아가는 2등이거나, 2등을 따돌리려 죽어라 뛰는 1등의 심정으로 살아가고 있는 셈이죠.

흥미롭게도 와튼스쿨, 하버드 등의 일부 미국 MBA와 서울대, 고려대 MBA 과정에서는 경매를 통해 과목을 수강합니다. 정해진 옥션 포인트를 받고, 선호도에 따라 수업을 배정받을 수 있게 하는 것입니다. 이것이 더 치열한 경쟁의 세계라 할 수도 있겠네요. 하지만 경우에 따라서 좀 더 나은 경쟁의 방법들이 존재할 수 있음을 보여주고 있습니다. 경쟁을 통해 더 좋은 수업을 획득했다면 자연스럽게 더 열심히 할 수밖에 없겠죠.

경쟁이 나쁜 것만은 아닙니다. 삶을 더 의욕 있고 가치 있게 살아갈 수 있게 해 주는 활력소가 바로 경쟁심입니다. 요즘 많은 사람이 핏 빗(Fit bit), 조본 업(Jawbone Up) 등 다양한 헬스케어용 웨어러블 디바이스를 활용하는 걸 볼 수 있습니다. 팔찌와 같은 장치를 차고 다니면 어플과 연동해 운동량을 기록하면서 친구들의 기록과 비교해볼 수 있는 기능을 제공합니다. 좀 더 걷도록 동기 부여를 해주니 운동을 잘 안하는 현대인들에게 운동 경쟁이 긍정적인 영향을 가져다 준 셈이죠. 여기에 '빅

워크(big walk)'라는 어플은 걸으면서 기부를 하다는 미션까지 더했습니다.

이처럼 경쟁의 모습은 악순환적 경쟁일 수도, 선순환적 경쟁일 수 있습니다. 경쟁은 그저 치열하게 누군가를 쓰러뜨려 이기거나 싸움을 불러일으키는 마이너스 요소만은 아닐 겁니다. 서로의 능력을 끌어내 더욱 좋은 성과를 거두게 하는 원동력이 바로 경쟁이 가진 또 하나의 힘입니다.

충분히 사회에서 능력을 뽐낼 만 함에도 사람들과 싸우기 싫다며 뒷걸음질 치고 꽁꽁 감추고 있나요? 경쟁은 단순히 서로 다투는 상쟁(相爭)이 아닙니다. 같은 목적을 두고 서로 겨뤄보는 것이죠. 그 과정에서 다른 사람으로부터 자극받기도, 또 상대방을 고무시키기도 할 것입니다. 열심히 경쟁하다 문득 좋은 아이디어로 새로운 영역을 개척하는 선구자가 될 수도 있습니다. 당신의 능력과 에너지를 감정적인 다툼에 소모해 버리는 것이 아니라 이런 경쟁의 선순환을 만들어내는 데 써보면 어떨까요. 경쟁은 때론 지금보다 나은 내일을 만드는 새로운 돌파구임을 잊지 마세요.

# 세상을 향해,
# 좌절과 성장

# 학년이 오를수록 앞날이 더욱 불안해질 때

대학에 입학할 때는 나름 계획이 있었다. 지금 이 순간도 앞날에 대해 고민하며 미래의 모습을 그려가고 있다. 그런데 하루하루 지날수록 더 불안해진다. 앞날은 더욱 불확실해지고 내가 꾸던 꿈을 이룰 수 없을 것만 같다. 그동안 세워 두었던 계획들을 언제 어떻게 이룰 수 있을까? 답답하다.

그늘진 벼랑의 쌓인 얼음에 말은 지쳐 병들고
길은 시름 젖은 창자인양 아홉 번이나 구부러지네.
산길 험해 오르내리기 어렵다 걱정하지 말지니
세상길에 비하면 그래도 평탄하게 지난다오. _산길에서(登牛岾, 권근)

陰崖氷厚馬虺隤 路似愁腸曲九回
莫患崎嶇難跋涉 世途猶是坦途來

【출전】《양촌집》 권2 【작자】 권근(權近): 1352(공민왕1)~1409(태종9). 문신. 자는 가원(可遠), 사숙(思叔). 호는 양촌(陽村). 1368년(공민왕17)에 성균시에 합격했다. 지공거, 사헌부 대사헌 등을 역임했다. 시호는 문충(文忠)이다. 《삼국사략(三國史略)》 편찬에 착수했으며, 저서로 《양촌집(陽村集)》이 있다. 【주석】 陰崖(음애): 그늘진 벼랑. ○虺隤(훼퇴): 피로해 병이 생기다. ○愁腸曲九回(수장곡구회): 양의 창자가 아홉 번이나 구부러져 있듯 산길이 험하다. 흔히 '구절양장(九折羊腸)', '양장구곡(羊腸九曲)'이라고 해 아홉 번이나 구부러져 있는 양의 창자에 꾸불꾸불 험한 산길에 비유한다. 중국 촉도(蜀道)에 양장판(羊腸坂)이 있다. '愁腸'은 시름하는 마음, 괴로운 심사. 이 시에서 '腸'은 험한 산길을 비유한 창자이면서 또한 애타는 마음을 아울러 표현한다. ○莫患(막환): 걱정하지 말라, 근심하지 마라. '莫'은 금지형이다. ○崎嶇(기구): 산길이 평평하지 않음. ○跋涉(발섭): 산을 오르고 물을 건너다. ○世途(세도): 세상을 살아가는 길, 혹은 인생을 뜻한다.

# 삶은 로또가 아니잖아요

대학에 처음 발을 딛었을 때가 생각나네요. 부모님의 그늘에서 벗어나 무엇이든 할 수 있을 것만 같았지요. 열심히 일해 대가를 받고, 진짜 하고 싶은 공부를 하고, 누구보다도 뜨거운 사랑도 해보고 싶었습니다. 물론 다 해보지는 못했지만 나름 만족스러운 대학생활이었습니다. 그러나 졸업을 앞두니, 여느 대학생처럼 지금 이후의 삶을 걱정을 하게 되더군요.

우리는 밝고 희망찬 미래를 꿈꾸면서 살아갑니다. 하지만 대학에 들어오면 자기 앞에 놓인 현실을 직시하게 되죠. 학년이 올라가면서 현실의 중압감은 피부에 와 닿습니다. 당장 1~2년 내에 나에게 벌어질 일일테니까요. 중, 고등학교 때는 마음만 먹으면 뭐든 해낼 수 있을 것 같지만 현실은 딱 내가 한 만큼만, 아니 그보다 떨어지는 성과가 돌아오기 일쑤입니다. 2학년이라면 어느 정도 대학생활을 즐기면서 미래를 준비할 수도 있겠지만 3학년이라면 확실히 조급해질 시기죠. 진로를 정하고 학점관리도 해야 하고 공부할 자격증은 또 왜 그리 많은지. 그 와중에 시간을 쪼개 스터디도 해야 하고요. 졸업반이라면 더 말할 것도 없죠. 디데이는 다가오는데 준비가 덜 된 수험생 같은 심정이 그럴까요.

시험공부 계획을 세워 보신 적 있겠지요. 충분히 실천할 수 있을 것 같지만 실제로 공부를 해보면 시간에 쫓기게 마련입니다. 인생 계획을 세우는 일도 마찬가지입니다. 더 나은 미래를 위해 우리는 능력 이상의 계획을 세우고 가능성 너머에 있는 이상을 꿈꿉니다. 예전에 세운 계획대로 진행되지 않는 것 같다고 실망하지 마세요. 그때마다 다시 수정하고 배우면서 나아가면 됩니다. 우리가 지금 위태롭게 서 있는 이 길은 인생이라는 긴 여정의 한 부분일 뿐이에요. 앞으로 걷게 될 수많은 오르막, 내리막의 일부일 뿐이죠. 처음은 오르막을 힘차게 뛰어갈 생각이었지만 힘에 부치면 걷기도 하고 조금씩 계획을 바꾸면서 나아가면 됩니다. 중요한 것은 최종 목표를 잊지 않는 것이에요.

지금껏 쉴 틈 없이 달려온 사람도 있고, 자신에게 주어진 시간과 자유를 충분히 누리며 보낸 사람도 있을 겁니다. 반면 여전히 삶의 의미를 찾지 못해 방황하고 있는 사람도 있겠죠. 남의 떡이 더 커 보인다는 말이 있죠. 우리는 남과의 비교를 통해 더욱 초조하고 불안해하는 경향이 있습니다. 가진 것을 소중히 여기고 감사하는 마음을 우리는 너무 잊고 사는 듯합니다. 자신의 행복과 성공을 가르는 것은 그 무엇도 아닌 자기 자신입니다. 자신이 하는 일에 믿음을 가지고 만족한다면 그것이야말로 든든한 보험인 것이지요.

로또 한방이면 삶이 바뀔 것이라 생각하는 사람이 많습니다. 하지만 자신의 뜻을 명확히 해놓지 못한 사람은 많은 돈도 아무 의미 없이 써버립니다. 여러분은 이미 뜻을 세우고 전진하려는 사람들입니다. 내 인생은 나 자신이 만족할 때 가장 기쁜 것입니다. 인생이라는 책의 주인공은 당신입니다. 매일 한 장 한 장 성실하게 채워보세요. 일기장이 해피엔딩으로 끝날 수 있도록 제가 응원하겠습니다.

# 지금 하는 공부가 취업과 연관 있는지 고민될 때

내가 좋아하는 학문을 하는 학과에 우여곡절 끝에 들어왔다. 신이 났다. 애초부터 내 이상과 전공과의 갈등은 없었다. 친구들이 적성 운운하며 고민할 때 나는 추호의 의심도 없이 공부했다. 그런데 요즘은 회의가 든다. 정말로 내가 좋아하는 것이 맞기는 한 건가. 주위에서도 "그거 좋지", "그거 공부해서 뭐해?" 하는 상반된 말들이 오간다. 확실했던 내 마음이 고학년이 될수록 흔들린다. 졸업하면 취업해야 한다는 압박감 때문일지도 모른다고 생각하지만, 그렇다고 답답한 마음이 가시는 것은 아니다.

문장은 늙을수록 즐길만하거니
칼 하나로 변방에 노닐면서도 책은 다섯 수레네.
공무 끝나면 변새의 관리를 잊은 채
종이창 밝은 곳에 누워서 책을 보노라. _하릴없어 짓다(漫成, 김극기)

文章向老可相娛 一劒遊邊尙五車
衙罷不知爲塞吏 紙窓明處臥看書

【출전】《동문선》 권19 【작자】 김극기(金克己): ? ~ ?. 고려 중기 문인. 본관은 경주, 호는 노봉(老峰). 명종 때 용만(龍灣, 지금의 의주)의 좌장, 고종 때 한림, 원외랑을 지냈다. 무신집권자 최우(崔瑀)의 명으로 문집이 편찬되고 유승단(兪升旦)이 서문을 써 줄 정도로 비중 있는 인물이다. 저서로 《김거사집(金居士集)》이 있는데 전하지 않는다. 【주석】 두 수 가운데 제1수다. 용만(龍灣)에서 벼슬할 때 지은 시다. 그래서 '塞吏'라고 했다. ○向老(향로): 늙어가다. 늙을수록. ○尙五車(상오거): '尙'은 그래도, 여전히. '五車'는 당나라 두보의 〈백학사의 모옥을 노래하다[題柏學士茅屋]〉에 "남자라면 모름지기 다섯 수레의 책을 읽어야 하네[男兒須讀五車書]"에서 유래했다. ○塞吏(새리): 변방의 관리. 즉 용만의 좌장으로 있었던 일을 말한다. ○紙窓(지창): 종이창.

## 먼 옛날, 지독한 공부벌레처럼

대학생이 된 후 졸업한 고등학교에 가서 후배들을 만나 이런 저런 얘기를 나눈 적이 있었는데, 한 후배의 고민은 이러했습니다. 자신은 철학과에 가고 싶은데 부모님이 취업 걱정에 반대하신다는 것이었죠. 사실 요즘 전공을 선택하는 데 있어 취업이 잘 되는지가 관건이죠. 하지만 저는 그 후배에게 자신이 하고 싶은 공부를 선택하라고 조언했습니다. 대부분 자신이 뭘 하고 싶은지도 모른 채 전공을 선택하는데 얼마나 대단한 친구인가요. 하고 싶은 건 해봐야 됩니다. 해 봐야 후회가 없습니다.

그 후배가 정말 철학과에 진학을 했는지는 모릅니다. 만약 철학과에 갔다고 해도 취업 압박 속에서 전공을 과연 살릴 수 있을까 하는 생각도 들구요. 하지만 어떤 선택을 했든 잘 해내지 않을까 생각합니다. 자기 주관이 있는 사람들의 특징이죠. 공부라는 건 신념이라고 생각합니다. 뚝심과 같은 것이죠. 다른 친구들이 놀 때 책상에 앉아 자신의 세계를 만들어 나가는 것입니다. 남들에겐 비록 부질없어 보이더라도 그 시선을 참고 묵묵히 이루어 나가야 하는 일이지요. 그래서 남들이 무심코 지나쳤던 그 곳에 큰 탑을 쌓아놓는 일입니다. 언제 이런 큰 탑이 있었나 할 정도로 큰 탑을 말입니다.

취업만 생각하며 스펙을 쌓는 일은 마치 지름길로 가는 것처럼 보입니다. 진짜 공부를 하고 있는 자신이 시대를 역행하는 것처럼 느껴지죠. 대학시절은 학문을 깊이 닦을 수 있는 시간입니다. 고등학교 때까지는 기본적인 소양을 쌓는다면 대학에서는 좀 더 깊이 있는 지식을 담을 수 있습니다. 어떤 분야에 조예가 있는 것은 사람을 달라 보이게 하죠. 지금 스펙 쌓기가 아닌 진짜 공부를 하고 있다면 당신은 더욱 멋진 사람이 될 가능성이 높은 겁니다.

앞으로 당신이 취업 준비를 하고 직장 생활을 할 때 공부를 했던 경험은 많은 도움이 될 것입니다. 무슨 공부를 했든 일단 인내심 있고, 탐구할 줄 알고, 성실하다는 장점이 생겼을 겁니다. 끈기 있게 공부를 했다는 건 학문의 깊이를 떠나 그 태도 자체가 훌륭한 것이니까요. 스펙만 쌓아온 사람에 비해 이야기가 풍부할 것이고 글을 써도 남들과는 다를 것입니다. 공부는 당신이 인내심을 발휘하며 쌓고 있는 아주 차진 스펙입니다.

언젠가 지금 공부하는 분야가 아닌 새로운 도전을 한다 해도 당신의 공부 습관은 굉장한 무기가 되어 당신을 도울 것입니다. 그러니 좀 더 자신을 믿고 과감히 시간을 투자해 보세요. 공부로 자신만의 스토리를 만들어보는 것도 나쁘지 않지요. 달팽이가 느려도 늦지 않다 했습니다. 언젠가 다 피와 살이 될 시간입니다. 좋아하는 분야의 공부라면 더 즐겁게 할 수 있겠지요. 새로운 자극에 마음을 열어 두고 좋아하는 공부를 즐길 줄 아는 뚝심이 필요한 때입니다. 변방을 칼로 다스리면서도 책을 가까이 했던 먼 옛날의 지독한 공부벌레들이 그러했던 것처럼요.

## 죽을 만큼 공부했는데도 성적이 나오지 않을 때

고등학교를 겨우 졸업했다. 군대를 다녀와서 일을 먼저 시작했고, 뒤늦게 대학에 들어왔다. 새벽 6시부터 밤 12시까지 도서관 늘 같은 자리에 앉아서 공부했다. 살면서 이처럼 공부를 많이 한 적은 없었다. 그러나 학점은 가혹했다. 결석 한 번 없이 보고서를 모두 제출하고 시험을 보았지만 학점은 F와 D였다. 정말 죽을 만큼 노력했는데! 함께 공부한 친구들 외에는 내가 공부했다는 걸 알아주는 사람은 아무도 없었다. 다들 노력이 부족한 탓이라고 한다.

마음은 대야의 물처럼 참으로 간직하기 어려우니
구덩이에 빠지고 던져지는 일도 삽시간이라오.
어진 학자들에게 말하노니, 마음 단단히 지켜
세상 어지러운 가운데에도 우뚝 서 옮기지 말게나.

_배우는 자들에게 주는 편지(寄精舍學徒, 이이)

心如盤水最難持 墮塹投坑在霎時
爲報僉賢操守固 世紛叢裏卓無移

【출전】《율곡전서》 권2 【작자】 이이(李珥): 1536(중종31)~1584(선조17). 조선 중기의 학자·정치가. 본관은 덕수(德水). 자는 숙헌(叔獻), 호는 율곡(栗谷)·석담(石潭)·우재(愚齋). 1504년(명종19) 문과 장원으로, 대사간, 대제학, 병조판서 등을 지냈다. 저서로 《성학집요(聖學輯要)》, 《격몽요결(擊蒙要訣)》, 《율곡전서(栗谷全書)》 등이 있다. 【주석】 心如盤水(심여반수): 마음은 대야 속의 물과 같다. '盤水'는 고요하게 멈춰 있는 물. ○墮塹投坑(타참투갱): 참호에 떨어지고 갱도에 던져지다. '塹', '坑'은 모두 구덩이를 가리킨다. ○霎時(삽시): 별안간, 눈 깜짝 할 사이. ○爲報(위보): 알리노니. ○僉賢(첨현): 여러 현인. '僉'은 여럿, 다수, 많은, 모든. '賢'은 정사(精舍, 학교)의 학생들을 가리켜 말한 것이다. ○卓無移(탁무이): 우뚝 서서 옮기지 않다.

## 처음 먹은 마음으로 끝맺기를

제 말을 듣기 전에 〈배우는 자들에게 주는 편지〉를 다시 한 번 읽어 보시면 좋겠습니다. 16세기 유명한 문인이자 유학자였던 이이의 글입니다. 조선시대에도 지금과 같이 공부에 뜻을 두는 이가 많았을 것입니다. 그러나 마음먹은 대로 잘 풀리지 않아 구렁텅이에 빠지기도 했지요. 이

이는 자신을 굳게 지키며 물러서지 말라고 충고합니다. 앞서 공부한 선배의 당부는 많은 것을 생각하게 합니다.

늦었다고 생각한 상태에서 시작한 공부는 의욕이 넘치게 마련입니다. 하지만 어느 시점에서 분명히 한계에 다다르게 될 것입니다. 공부가 제일 쉽다고는 하지만 공부만큼 성과가 잘 드러나지 않는 일도 없죠. 알아주는 사람도 없습니다. 억울하지만 결국 내가 공부를 덜 했기 때문이라는 결론을 내릴 수밖에 없죠.

같은 조건의 사람들보다 늦게 출발한 상황에서 '지금이라도 시작하면 어느 정도 성과는 있겠지.' 하는 생각은 어리석은 발상일 수 있습니다. 이미 당신보다 앞서간 사람이 있기 때문입니다. 앞서간 사람이 어느 정도로 노력을 했는지는 알 수 없습니다. 확실한 건 어떤 것을 이루기 위해서는 선구자의 노력을 따라잡아야 할 뿐만 아니라 그 이상의 노력을 기울여야 한다는 것입니다. 그러지 않고서는 무에서 유를 창조했다 할지라도 그 결과는 미미할 수밖에 없는 것이니까요.

비교를 할 필요는 없습니다. 공부는 끝을 알 수 없는 길을 가는 것과 같으니까요. 상대방을 의식해서는 자신의 길을 갈 수 없습니다. 마라톤에서 제일 먼저 출발했다고 1등 하는 것도 아니고, 제일 뒤에서 출발했다고 꼴등 하는 것도 아닙니다. 인생은 마라톤입니다. 남들을 쫓아 전력질주하면 반도 못 가 지치게 되지요. 자신의 페이스대로 뛰면서 자신을 이겨내야 합니다. 세상이 아무리 나를 타박하고 비웃어도 묵묵히 달리는 것이 현명한 인생의 마라토너가 되는 길입니다.

중요한 것은 남이 아닙니다. 스스로 갈고 닦는 노력이 제일 중요합니다. 그리고 달려가십시오. 확신과 추진력, 실천. 이 세 가지를 가지고 전진하세요. 열심히 가다 잠시 숨을 돌리며 뒤를 돌아보면 어느새 당신을 인정해주는 사람들이 곁에서 함께 뛰어줄 겁니다. '시작이 반'이라는 말은 반은 맞고 반은 틀렸습니다. 언감생심, 시작을 두려워하는 이들에게 이 말은 격려가 되겠지만, 끝장을 보아서 성과를 이루려는 이에게는 중간에 그만둬도 좋다고 여길 빌미를 제공할지 모르기 때문입니다. 저는 다시 말을 고쳐봅니다. '시작했으면 끝을 보시라.' 숨이 멎을 듯한, 포기하고 싶은 순간을 넘기면 신기하게도 바람을 느낄 정도의 여유를 찾게 될 것입니다.

## 대학생으로서의 생활도 막바지다 지금 나는 어떤 모습일까?

졸업반이 되니 마음이 조급해진다. 여전히 미래의 내 모습은 불투명하다. 초등학교, 중학교, 고등학교 때 꿈꾸었던 내 모습과 지금의 나는 얼마나 닮아 있을까. 앞으로 내 모습은 어떻게 변해갈까. 이상은 드높고 현실에서 나는 첫걸음조차 떼지 못했다. 후회가 된다.

곡식이 있지만 아무도 먹을 사람 없고
아들이 많으면 분명 굶주림을 걱정하지.
현달한 벼슬아치는 어김없이 우둔하고
재주 있는 자는 재능을 펼 곳이 없네.
집안 치고 복을 다 갖춘 이 적고
지극한 도리는 항상 쇠퇴하는 법이라.
아버지가 아끼면 자식은 매양 방탕하고
아내가 슬기로우면 남편은 늘 바보라네.

달이 차면 번번이 구름을 만나고
꽃이 피면 바람이 흔들어 꺾어버리나니
세상 만물이 모두 이와 같을 사
나 혼자 웃어도 알아주는 이 없구나. _나 혼자 웃네(獨笑, 정약용)

有粟無人食 多男必患飢
達官必惷愚 才者無所施
家室少完福 至道常陵遲
翁嗇子每蕩 婦慧郎必癡
月滿頻値雲 花開風誤之
物物盡如此 獨笑無人知

【출전】《여유당전서》 시문집 권5【작자】정약용(丁若鏞): 1762(영조38)~1836(헌종2). 조선 후기의 실학자. 자는 미용(美鏞). 호는 다산(茶山)·사암(俟菴)·여유당(與猶堂)·채산(茱山). 학문뿐 아니라 사회 개혁에도 뜻을 두어 토지, 상공업 분야에서 과감한 개혁을 주장했다. 저서로《경세유표》,《흠흠신서》,《목민심서》,《여유당전서(與猶堂全書)》등이 있다.【주석】多男(다남): 아들을 많이 낳은 것을 말한다. ○達官(달관): 현달한 관리. ○惷愚(용우): 어리석다, 우둔하다. ○陵遲(능지): 쇠퇴하다, 깎다. 본래 혹형 가운데 하나로, 사람의 살점을 칼로 발라내며 끝내 죽음으로 이르도록 하는 형벌이다. ○誤(오): 잘못되도록 하다. 문맥에 따라 해석이 다양하게 이뤄지는데, 여기서는 꽃이 피었을 때 바람이 불어 꽃을 흔들어 떨어뜨리는 것을 두고 말한다. ○無人知(무인지): 알아주는 사람이 없다.

## 출발선은 누구에게나 평등합니다

아무것도 가진 것 없는 사람들의 성공신화를 우리는 주변에서 심심찮게 찾아볼 수 있습니다. 꼭 무언가 대단한 것을 가지고 있어야 시작할 수 있는 것은 아닙니다. 남들에 비해 좀 모자라도 가난해도 상관없습니다. 지금의 나의 모습이 평생 간다는 법은 없습니다. 자신이 지금 아무것도 가지고 있지 않고 해놓은 것도 없다고 쉽게 좌절하는 것이 더 큰 문제입니다. 이외수 선생님이 말씀하셨죠.

"서두르지 마라. 대어를 낚으려는 조사(釣士)일수록 기다림이 친숙하고면 길을 떠나는 나그네일수록 서둘러 신발 끈을 매지 않는다."

대어를 낚으려면 기다려야 하고 먼 길을 떠나려면 단단히 채비해야 합니다. 온갖 복을 다 갖춘 사람이 적고, 마음같이 잘 되지 않는 것 역시 마찬가지입니다. 그 맘 때는 모두 그런 고민을 합니다. 왜 나만 이럴까? 하는 생각에 우울하기만 하죠. 친구들과 함께 마음을 터놓고 고민을 나누어봐도 좋을 것 같아요. 그러면 '아 저 친구는 저런 고민이 있구나, 나만 힘든 게 아니었어.' 하고 기운이 날 거예요. 이런 고민을 극복하는 새로운 방법도 공유해보고요. 함께 공부나 운동을 해도 기분전환이 되겠지요.

다 비슷비슷한 고민을 하고 살고 있죠. 그러니 혼자만 큰 짐을 이고 있는 듯 억울한 표정은 푸는 게 좋아요. 큰 짐이라 생각했던 당신의 고민은 알고 보면 부피 큰 솜 같은 것일 수도 있어요. 내 고민을 한 발짝 멀리서 객관적으로 보는 연습이 필요합니다. 여유를 가져 봐요. 심호흡도 필요하고요. 출발선은 누구나에게 평등합니다. 이제 시작이란 생각으로 다시 한 걸음을 내딛어 보자고요.

## 취업 실패로 여러 번 좌절의 아픔을 겪었을 때

나는 죽어라 노력하는데 일자리는 제한되어 있으니 결국 될 사람만 되는 건가? 어제도 친구들과 술을 먹으면서 세상을 원망했다. 벌써 몇 번째인지 모른다. 자기소개서만 수십 장을 써두었고 자존심을 버리면서 몇 차례 등급을 낮추어 취업원서를 냈다. 왜 안 되는 건지 수긍할 수 없다.

몇 년을 푸른 산봉우리에 우뚝 서 있었나
오직 그 시절 깊은 한을 품었던 것이리라.
설령 겉모습은 예전의 자태가 없다 하나
그 안에 분명 아직 식지 않은 마음을 지녔으리. _심장 가진 돌(有石似人, 박세당)

幾年凝立碧山岑 只爲當時抱恨深
縱使形容無故態 箇中應有未灰心

【출전】《서계집》 권1 【작자】 박세당(朴世堂): 1629(인조7)~1703(숙종29). 자는 계긍(季肯). 호는 잠수(潛叟), 서계초수(西溪樵叟), 서계(西溪). 본관은 반남(潘南). 예조 좌랑, 교리 등을 지냈다. 저서로 《서계집(西溪集)》이 있다. 【주석】 凝立(응립): 움직이지 않고 오랫동안 서 있는 모습을 뜻한다. 우두커니 서다. ○縱使(종사): 비록, 설령, 양보형. ○箇中(개중): 그 안에. ○未灰心(미회심): 아직 식지 않은 마음, 곧 살아있는 심장을 갖고 있음을 말한다.

## 작은 종이 안에 자신을 가두지 마세요

취업을 위해 갖은 노력을 하는 학우들을 보면 자신이 한없이 작게 느껴질 때가 많습니다. 단순히 '취업해야지' 하는 막연한 생각만 가지고 있지, 남들처럼 부지런히 노력은 안 하면서 두려워하고만 있는 게 나의 모습입니다. 당신이 마음을 다잡고 시작하는 도전 하나하나는 그 자체로 아름답고 훌륭합니다. 겉모습은 이미 바랬지만 그 속에 식지 않은 열정이 남아있다면 현실의 벽을 언젠가는 부술 수 있습니다.

도전했다면 결과도 중요합니다. 합당한 결과가 없다면 도전하려는 열정도 언젠가 사라질 테니까요. 취업은 상당한 시간이 드는 자기와의 싸움입니다. 노력과 결과가 정확하게 비례하지 않습니다. 어느 정도 노력했다면 취업하는 게 당연하지만 그렇지 않은 경우가 대부분입니다. 거기서 오는 좌절과 상실감도 크죠. 그것을 극복하고 다시 시작하기 위해 드는 에너지도 상당합니다. 취업문은 좁기만 한데 경쟁자는 해마다 넘쳐납니다. 매년 취업 트렌드도 바뀌죠. 하지만 포기할 수도 없고, 포기해서도 안 됩니다.

취업에 여러 번 실패했다면 이제 다시 한 번 전열을 가다듬어야 하겠습니다. 취업은 전쟁이나 마찬가지입니다. 취업준비생들의 이력서와 자기소개서의 수준이 평준화되었다는 전제 하에 승부수는 오직 나의 투지와 열정일 것입니다. 얼마나 더 간절한가에 따라 한 발 더 전진할 수도, 그 자리에 머물 수도 있습니다. 마치 오디션 프로그램 같죠. 오디션 프로그램을 보면 간절한 친구들은 눈빛이 다릅니다. 그리고 최후에는 꼭 우승을 하죠. 당신은 꼭 그 일을 하고 싶은 이유가 있습니까? 그 회사가 아니면 안 되는 이유가 무엇입니까? 당신은 지금 이런 질문에 서슴없이 대답할 수 있는지요. 분명한 이유가 없이는 원하는 목적지에 다다를 수 없습니다. 대충대충 해서는 스스로 포기하게 되거나 경쟁자들보다 뒤처지게 됩니다. 어쩔 수 없습니다. 이것이 전시상황 속 유일한 논리입니다.

당신이 간절함과 열정, 그리고 투지를 가져야 하는 이유는 또 있습니다. 어떤 회사든 일단 입사하는 것만이 목적이라면 얼마 지나지 않아 당신은 다시 길을 잃고 방황하게 될 것입니다.

큰 꿈을 꾸어야 합니다. 나무가 아닌 숲을 보라는 진리를 되새겨보세요. 그저 입사만 원하는 사람과 입사 후 자신의 역량을 펼칠 각오가 되어 있는 사람은 분명히 다를 것입니다. 자신의 이력서에 무엇이 부족한지를 볼 게 아니라 당신 마음을 들여다 볼 때입니다. 내가 진정 원하는 게 무엇인지 말입니다. 취업은 당장 눈앞에 닥친 숙제 같지만 결국 10년 후, 20년 후의 자신을 걸고 배팅해야 하는 큰 승부입니다.

당신의 마음을 들여다봤다면 오늘부터 할 일이 엄청 많아질 수도 있겠군요. 목표와 방향을 새로 설정하는 일이 우선일 수도 있고요. 당신은 부지런하고 끈기있는 사람입니다. 열정과 투지도 있지요. 자신을 이력서 안에 가두지 말고 멀리 보세요. 외부의 시선과 나를 앞질러 가는 사람들의 뒷모습에 흔들리지 말고 자신을 믿길 바랍니다. 신학철 쓰리엠 수석부사장이 한 말이 귓가를 맴돕니다. "빠르게 가려면 느리게 가는 것부터 배워야 합니다." 무엇이 근본이며 원칙인지를 확인하라는 것이지요. 언젠가 취업해 자신의 역량을 뽐낼 당신을 기대하겠습니다.

## 대학을 졸업하고도 아직 취직 못한 선배나 동학을 보았을 때

군대를 갔다 온 지 2년이 지났다. 벌써 4학년이고 곧 졸업이다. 함께 입학했던 여학우들도, 졸업한 선배도 아직 취직 준비를 하고 있다. 그들의 얼굴이 어둡다. 나도 곧 저렇게 될 것 같아 불안하다. 졸업하고 바로 취업할 수 있을지 두렵다.

오동 꽃가지 하나 느즈막이 떨기로 피었길래
꺾어다 화병에 꽂으니 또 다른 향기를 품었어라.
몇 번이나 봄바람에 꽃을 피우고 떨어진 뒤에야
금슬로 화신해 밤이면 마루를 울릴거나. _오동꽃(桐花, 이춘원)

桐花一朶殿群芳 折揷金壺別有香
幾度春風開落後 化身琴瑟夜鳴堂

【출전】《구원집》 권2 【작자】 이춘원(李春元): 1571(선조4)~1634(인조12). 자는 입지(立之), 원길(元吉). 호는 구원(九畹). 본관은 함평(咸平). 1591년(선조24) 진사시에 합격했다. 예조 좌랑, 승지 등을 지냈다. 저서로 《구원집(九畹集)》이 있다. 【주석】 桐花一朶殿群芳(동화일타전군방): '一朶'는 가지 하나. 오동꽃은 가지에 떨기로 핀다. 그래서 '群芳'으로 표현했다. ○殿(전): 뒤편. 뒤(시간적으로) ○化身(화신): 몸 되다. 본래 향기였던 것이 형체를 갖게 되다는 뜻이다. 여기서는 뒤의 '琴瑟'과 이어진다. 즉 향기가 금슬이 되었다는 말이다.

# 나무가 기다려 악기가 되듯이

전 세계적으로 취업난이 심각한 사회문제로 대두되고 있습니다. 어느 때보다 좁아진 취업문으로 인해 캠퍼스의 낭만은 사라진지 오래지요. 대학생들의 자기계발에 긍정적인 효과를 가져왔다고도 할 수 있겠지만 과연 모두가 함께 성장할 기회를 주는 효율적인 결과를 초래했는지는 여전히 의문입니다. 오히려 과도한 경쟁이 세상을 더 삭막하게 만들고 있다는 생각이 듭니다.

취업이라는 전쟁터 속에 뛰어드느라 자신의 참모습을 발견할 기회마저 박탈당한 것 같아 안타깝습니다. 자신감으로 꽉 차 있어야 할 청년들은 취업의 압박감 속에서 늘 불안한 모습이죠.

저도 어느덧 4학년이 되어 학생 신분의 끝자락에 서 있습니다. 그동안 지긋지긋하기도 했고 벗어나고도 싶었던 16년간의 학생이라는 신분이 이제 막바지에 다다랐다고 생각하니 정말 눈물이 핑 돌 지경입니다. 오랫동안 기다려왔던 순간이지만 사회생활은 도무지 반갑지가 않습니다. 나를 덮어주고 있던 지붕이 없어지는 것 같은 느낌이랄까요. 모진 비바람과 눈보라를 막아주던 집을 떠나 스스로 집을 짓고 살아야 하니 막막할 뿐입니다.

사회 초년생으로 발을 내딛어야 하는 지금, 스스로 마음을 다잡고 자신을 추슬러야 앞으로 기나긴 사회생활이 조금이라도 수월해지겠지요. 하지만 현실은 스스로 독려할 시간을 주기는커녕 나를 더욱 채찍질하게 만듭니다. 학생으로서의 인생을 일단락 지을 마음의 준비도 할 시간이 없다는 게 야속할 따름입니다. 이제 저도 취업을 해야겠지요. 주변에는 4학년 1학기 때 벌써 취직이 되는 사람들도 있고 졸업을 한 후에도 몇 년째 직장을 구하지 못하고 있는 사람들도 있습니다. 저는 당연히 취직할 것이라는 믿음이 있지만, 한편으로는 혹시나 하는 걱정도 조금은 깔려 있습니다. 누구나 그러하겠지요.

오동나무를 보면 꽃이 피지 않을 것 같이 생겼습니다. 하지만 일정한 시기가 지나면 오동나무에는 꽃이 피어 향기를 남기게 됩니다. 봄바람에 꽃이 피고 지기를 거듭하면서 오동나무는 거문고를 만들기에 적합한 재목이 되는 것이지요. 우직한 오동나무가 거문고를 만드는 데 역할을 다하게 되듯이 사람에게도 저마다 자기만의 사명이 있습니다. 때가 되어 몇 차례 꽃이 피고 진 후 비로소 오동나무가 거문고의 재목으로 쓰이게 되듯이 우리에게도 그러한 때가 올 것입니다.

누가 나를 써주기를 마냥 기다리라는 말이 아닙니다. 모든 것에는 저마다 때가 있고 역할이 있다는 것입니다. 자신의 쓰임을 파악하고 최선을 다해 인고의 시간을 견뎌낸다면 오동나무가 멋진 거문고로 다시 태어나는 것과 같이 분명 좋은 결과가 있으리라 생각합니다. 중요한 것은 굳건히 자신을 지켜내는 것입니다. 주변 사람들에 휘둘리지 않고 내가 서 있는 그 자리에서 비바람을 이겨내야 합니다. 자신을 훌륭한 재목으로 가꾸어보세요. 나의 노력을 알아봐주는 누군가가 분명 나타날 것입니다. 평범한 오동나무 한 그루가 아름다운 음률을 빚어내는 악기가 되는 것처럼, 우리도 취직을 비롯한 여러 고난을 이겨내 나만의 소리를 낼 수 있는 악기가 되었으면 합니다.

## 불확실한 삶이 두려워질 때

대학 3학년, 추운 겨울을 맞이하고 있다. 이 겨울이 지나면 졸업을 앞둔 처지가 된다. 동기들끼리 모이면 가끔 이런 말을 한다. "몇 년 뒤엔 우리는 뭐하고 있을까?" "사회에 나가서 잘 살 수 있을까?" 뻔하지만 중요한 문제다. 어렸을 때는 세상 모든 문제는 옳은 것과 틀린 것이 분명하게 있다고 생각했다. 지금은 그렇지 않다. 삶은 정답이 없다. 불확실성의 연속이다. 진로를 정해도 그것이 해피엔딩으로 이어지리라는 보장이 없다. 이보다 더한 불합리는 없다. 그러나 이 불합리는 해결할 수 없어 보인다. 그래서 정답 없는 불확실한 삶을 살아간다. 그러나 삶은 선택을 강요한다. 주변에서는 하나둘 자신만의 정답을 내놓고 그 길로 걸어간다. 혹은 달려간다. 나는 그러지 못하고 있다. 두렵다. 내 선택이 잘못된 것일 수 있다는 것이. 남들에게 뒤쳐진다는 것이.

책을 읽던 그날 세상 경륜에 뜻을 두었는데
늘그막에 다시 안회의 가난이 달아라.
부귀는 다툼이 있어 손을 대기 어렵고
임천은 막는 이 없어 몸을 둘 만하네.
나물 캐고 고기 낚아도 배를 채울 수 있고
달을 읊고 바람을 노래하면 정신을 펼 만하지.
공부가 의심 없게 되어 통쾌한 맛을 알면
헛되이 백 년 사는 사람 되는 일은 면하리라. _속마음(述懷, 서경덕)

讀書當日志經綸 晩歲還甘顔氏貧
富貴有爭難下手 林泉無禁可安身
採山釣水堪充腹 詠月吟風足暢神
學到不疑知快活 免教虛作百年人

【출전】《화담집》 권1 【작자】 서경덕(徐敬德): 1489년(성종20)~1546년(명종1). 자는 가구(可久). 호는 복재(復齋), 화담(花潭). 본관은 당성(唐城). 1531년(중종26) 생원시에 합격했다. 시호는 문강(文康)이다. 저서에 《화담집(花潭集)》이 있다. 【주석】 經綸(경륜): 본래 실을 정리하다는 뜻인데, 이로부터 나라를 다스리다는 뜻을 갖게 되었다. ○顔氏貧(안씨빈): 안회(顔回)의 가난. 공자의 제자였던 그는 가난한 가운데에서도 도를 즐거워했다. 안빈낙도(安貧樂道). ○難下手(난하수): 손을 대다, 착수하다, 처리하다, 시작하다. ○林泉(임천): 산림과 천석(泉石). 산수 자연. ○安身(안신): 몸을 편안히 두다, 즉 처신하다. ○採山釣水(채산조수): 산에서 나물을 캐고, 물에서 고기를 낚다. ○免教(면교): '免'은 벗어나다, 면하다, 피하다. '教'는 ~하게 하다는 뜻이다.

## 내가 주인공인 멋진 시나리오

이제 대학 4학년이 되면 사회인이나 마찬가지인 셈이군요. 학교 수업도 적어지고 나만의 시간이 많아지지요. 대한민국의 주입식 교육 특성상 우리는 이제껏 외부의 지시나 결정을 따라 왔는데 갑자기 뭐든 알아서 해야 하는 시기가 닥치니 불안해질 수밖에 없습니다. 선생님도, 부모님도 지금껏 시키는 대로만 하라더니 갑자기 "너 이제부터 뭐 할 거니?" "대체 무슨 생각을 하고 사느냐?"고 다그치십니다. 우리는 당황할 수밖에 없죠. 당장 결정을 내리면 어떤 일이 벌어질지도 몰라 겁이 나는데 주위에서는 재촉만 하죠. 아직 제대로 칼을 써본 적도 없는 초보 요리사에게 당장 요리를 내놓으라고 하는 격이죠.

우리가 중·고등학생일 때 문제는 대부분 객관식입니다. 주어진 선택지에서 고르면 되는 거죠. 선택지도 한 두 개가 전부입니다. 문과 또는 이과에 진학하는 문제처럼 말이죠. 대학교 때는 좀 더 선택의 폭이 넓어지죠. 많은 수업 중에서 내가 원하는 수업을 듣는 것처럼 어느 정도 테두리가 정해져 있고 그 안에서 해결하면 됩니다. 졸업 후의 인생은 다릅니다. 선택지 자체가 없고 더욱 난처한 건 정답도 없다는 겁니다. 엄청난 변수와 예상을 뛰어넘는 일들이 폭풍처럼 몰아닥칩니다.

인생은 서술형입니다. 빈 페이지를 채워가는 일은 전적으로 내게 달려있지요. 하지만 저는 서술형을 객관식으로 만들어보면 어떨까 하는 생각을 했어요. 자신에게 다섯 개 정도의 선택지를 주는 겁니다. 웬만하면 다섯 개 중에는 내가 원하는 것이 한 개는 들어 있을 겁니다. 졸업하면 무엇을 할지 걱정이 되죠. 서술형으로 쓰기 부담스러우면 현재 내가 고려하고 있는 것 중 다섯 개 정도로 추려 스스로에게 던지는 거예요. 다섯 개에서 하나를 고르는 일이 어렵다면 절대 아닌 것부터 소거하는 방식으로 답을 남기면 됩니다. 의외로 간단하죠. 내가 가장 원하는 것을 고르면 됩니다.

인생의 선택지를 만들기 위해서는 반드시 스스로에게 솔직해져야 합니다. 내 인생을 거짓말로 써 나가면 안 되니까요. 자신에 대해 냉철하게 분석하고 열정적으로 노력하세요. 열등감이나 자포자기에 빠져서는 안 됩니다. 단점만 보며 자신을 비약하지 마세요. 단점만 생각하면 감추기에 급급하게 되고 더 불안해지고 여유를 가질 수 없게 됩니다. 단점은 개성일 수 있고, 발전을 돕는 발판이 될 수 있습니다. 캐나다의 제20대 총리를 지낸 장 크레티앙은 선천적인 안면근육 마비로 한쪽 귀가 멀고 발음이 불분명했습니다. 이를 이용해 자신을 공격하는 정치인들과 사람들에게 그가 내세운 정치신념은 '말은 잘 못하지만 대신 거짓말은 하지 않는다'였습니다. 할 수도 없는 일을 할 수 있다고 하거나 좋아하지도 않으면서 좋아하는 척 한다면 답이 없는 선택지만 늘어놓는 셈이겠지요.

먼저 살아본 선배들이 인생에 대한 안 좋은 점을 일러주지요. 우리는 겁먹을 수밖에 없습니다. 그러나 이러니저러니 해도 다 잘 살아가고 있잖아요. 우리도 잘 할 수 있습니다. 젊어서 정치에 뜻을 둔 서경덕이 늘그막에 임천에서 배움을 즐길 수 있게 된 것도 뜻한 바를 해 보았기 때문일 것입니다. 처음에 깨고 나오는 것이 어렵지, 한번 해보면 막연했던 두려움과 불안감이 줄어들 것입니다. 어느 정도 자신감이 생기면 인생을 객관식이 아닌 서술형으로 써 나갈 수도 있을 거예요. 마치 멋진 영화 시나리오를 쓰듯이 말이죠. 내가 주인공입니다. 주인공은 절대 죽지 않죠. 그리고 극적인 순간에 더 빛이 나는 법입니다. 흥미진진한 당신만의 이야기를 이제부터 본격적으로 시작해 볼까요?

## 누가 휴학을 권하는가?

졸업하면 가능한 한 전문직으로 취업하고 싶다. 사회에서 요구하는 스펙을 챙겨놓지 못해 휴학해서 보충하고자 한다. 뜻밖에도 가족이나 친척들은 휴학을 반대했다. 가까스로 한 학기 휴학을 허락받았지만, 그렇다고 고민이 해결될 것 같지는 않다. 어떻게 해야 할까. 교수님들에게는 죄송한 말이지만, 강의시간에 선생님들의 말씀이 귀에 들어오지 않는다. 나와는 너무 먼 이야기로 들리기 때문이다. 휴학을 결정하니 오히려 느슨해지는 나를 보고 공연히 후회도 된다. 나아가 실망까지 하게 된다. 불안하다.

야트막히 응달에 심긴 너를 어찌할까나
외론 뿌리로 따스한 볕을 가까이 할 길이 없구나.
빈 곳에 옮겨 심고 부지런히 흙을 북돋는 건
여름날 열매 많이 맺기를 기다려서라오.

_앵두를 옮겨 심는 마음(移種櫻桃 用惜落花韻, 허균)

淺植幽厓奈爾何 孤根無路近陽和
移栽隙地勤封護 爲待朱明結子多

【출전】《성소부부고》 권2, 화백시(和白詩) 【작자】 허균(許筠): 1569(선조2)~1618(광해군10). 자는 단보(端甫). 호는 교산(蛟山), 성소(惺所). 본관은 양천(陽川). 1594년(선조27) 정시(庭試)에 급제했다. 성균관 사예, 예조 참의, 형조 판서 등을 역임했다. 저서로 《성소부부고(惺所覆瓿藁)》가 있다. 【주석】 이 시는 허균이 43세(광해군3, 1611)때 함열현(咸悅縣)으로 유배되었을 때 《백낙천집(白樂天集)》을 보다가 화운해 지은 25수 가운데 한 수다. ○幽厓(유애): 외지고 그늘진 곳, 응달. ○奈~何(내~하): 어떻게 할까. ○陽和(양화): 온화한 양기, 따스한 햇볕. ○隙地(극지): 빈 곳, 빈틈. ○封護(봉호): 흙을 북돋다. ○朱明(주명): 여름. '朱'는 오행 가운데 남방, 여름의 색이다. 한나라는 제사를 지내면서 동남동녀 72명에게 노래를 부르게 했는데, 봄에는 '청양가(青陽歌)', 여름에는 '주명가(朱明歌)', 가을에는 '서호가(西皞歌)' 겨울에는 '현명가(玄冥歌)'를 불렀다는 데서 유래한다.

# 소신 있는 주행과 정지

졸업을 앞두고 주변에서 취업했다는 소식이 들릴 때마다 한숨이 깊어 갑니다. 그러나 타인의 상황을 잣대로 자신을 판단하는 것은 불행의 씨앗과도 같아요. 남과 비교하다보면 주체적으로 자신을 판단하기 어려울 뿐더러 타인의 생각에 쉽게 휩쓸려버리기 때문이죠.

"스펙을 쌓기 위해 쌓는 것이 아니라 하나하나 배우는 과정이 즐거워서 하다보니까 스펙이 쌓이도록 하세요. 과정이 빠지고 결과만 얻으려고 하면 고통입니다. 과정을 즐기세요."

어느 스님의 이야기입니다. 취업, 그리고 한 단계씩 준비하는 과정 그 자체를 목적으로 생각하는 마음이어야 스트레스가 덜할 것입니다. 취업을 위해, 꿈을 위해 공부하고 실력을 쌓는 과정이 하나의 수단일 뿐이라면 그 과정은 보람 없이 참고 참아야 하는 힘든 시간이 될 것입니다.

휴학은 대학생활 동안 자신을 되돌아보고 재충전하는 시간입니다. 해외에서 봉사를 하기도 하고, 자격증을 취득하기 위해 공부하기도 하며, 아르바이트로 경험을 쌓거나 학비를 모으기도 하지요. 스스로 원하고 필요를 느껴 힘들게 얻어낸 휴학인 만큼 알차게 보내야겠지요. 하지만 막상 휴학을 하게 되면 넘쳐 나는 시간에 당황하게 됩니다. 긴 방학과도 같은 거죠. 초등학교 때도 방학 전에 생활계획표를 짜곤 했지만 그대로 지켜지는 건 3일 정도입니다. 휴학이라고 다를까요? 휴학은 생활계획표 정도로는 어림도 없습니다. 자신을 제어할 아주 강력한 장치가 필요합니다.

저 역시 1년을 휴학하고 중국에서 어학연수를 했지요. 다른 나라에서 살며 새로운 언어를 배워보고 싶었거든요. 그때가 제 인생에서 가장 재미있었고 행복했던 시간입니다. 무작정 졸업반이 되기 싫어 선택한 휴학이었지만 지금 생각해보면 참 잘했다는 생각이 듭니다. 그렇게 1년을 보내면서 졸업 후 진로를 결정할 수 있었거든요. 외딴 곳에서 나에게만 집중했더니 그런 결론이 나온 게 아닐까 합니다.

졸업을 피하기 위해 휴학하는 지금의 대학생들이 기성세대에게는 나약해보일 수도 있겠지요. 하지만 대책 없이 졸업하기보다는 재학기간 동안 자신이 원하는 것을 찾으려는 노력의 일환이니 주눅들 거 없습니다. 그러나 무작정하는 휴학은 재충전이 아니라 방황에 불과합니다. 본인이 세운 계획이 있고 확신이 있다면 밀어 붙여 보세요. 휴학기간 동안 충실히 자신에게 집중한다면 복학했을 때 훌쩍 성장한 자신을 발견할 겁니다.

작품 속 시인이 응달에 외로이 핀 앵두나무를 빈 곳에 옮겨 심고 부지런히 흙을 북돋는 것은 지금은 비록 위태롭게 서 있는 앵두나무이지만 여름에는 열매를 맺을 것을 확신했기 때문일 것입니다. 누군가 당신의 행동을 어리석다고 비웃는다면 그건 아직 열매를 보지 못해서입니다. 와신상담의 시간입니다. 재학기간보다 더욱 치열하게 자신과 싸우고 꼭 열매를 맺길 바랍니다.

## 그저 열심히 하면 되는 줄 알았는데

대학 4학년을 앞두고 있다. 지금까지 열심히만 하면 되겠지 하는 생각으로 열심히 수업을 듣고 과제를 수행하며 학교생활을 했다. 열심히 하다보면 내 앞길도 보일 줄 알았다. 아니 뭐라도 되어 있을 거라 생각했다. 1년만 있으면 졸업해야 하지만 나는 아직도 내가 무엇을 할지 모르겠다. 어디든 취직해서 무작정 돈을 버는 게 내 꿈은 아니었는데 지금 와서 또 다른 꿈을 꾸자니 사실 떠오르는 것도 없다. 휴학을 해서 현실로부터 도피하고 싶기도 하지만 그런다고 해서 나에게 정답이 주어질까 두렵다. 사회에 나아가기 전에 마음을 확실히 하고 싶다. 내 인생의 의미는 뭘까?

아이는 잠자리 잡고 노인은 울타리 엮는데
작은 시내 흐르는 봄물에 가마우지 멱을 감네.
청산이 끊어진 곳이라 돌아 갈 길은 멀고
지팡이로 등나무 가지 하나 비스듬히 메었다오. _옹기점(陶店, 김시습)

兒打蜻蜓翁掇籬 小溪春水浴鸕鷀

青山斷處歸程遠 橫擔烏藤一个枝

【출전】《매월당집》 권1 【작자】 김시습(金時習): 1435년(세종17)~1493년(성종24). 자는 열경(悅卿). 호는 매월당(梅月堂), 동봉(東峯), 청한자(淸寒子). 본관은 강릉(江陵). 시호는 청간(淸簡)이다. 저서로 《매월당집(梅月堂集)》이 있다. 【주석】 蜻蜓(청정): 잠자리. ○鸕鷀(노자): 가마우지. 물고기를 잡아먹는 새다. ○烏藤(오등): 등나무로 만든 지팡이.

## 당신만의 지도를 만들어보세요

'꿈이 없다', 상당수 대학생이 가진 고민이 아닐까요. 한국 젊은이들은 청소년 시절부터 외부에서 주입하고 정해진 방향으로만 생각하고 실행하는데 익숙합니다. 대학은 비교적 자유롭다고 하지만, 여전히 교수의 일방적 전달로 진행되는 수업이 많습니다. 겉보기에는 열심히 수업을 듣고, 과제를 하고, 공부도 하는 것 같아 보이지만 과연 내실이 있다고 할 수 있을까요. 학생들은 수업에서 무엇을 배우고자 하는지, 과제를 통해 어떤 결과를 내고 싶은지, 무엇을 위해 공부를 하는지 과연 알고 있는 걸까요.

자신을 돌아보는 진지한 고민을 해본 적이 있습니까? 내 안에는 자아가 셋 있는 것 같습니다. 상황이나 대상에 따라 다른 모습을 보이며 꾸며진 모습인 '내가 아닌' 나, 나만이 알고 있는 나의 실체인 '내가 아는' 나. 그리고 '내가 모르는 나'. 여태껏 인지하지 못한 무궁무진한 잠재력이 숨겨져 있는 자아입니다.

졸업을 코앞에 두고도 무엇을 할지 정하지 못하고, 도피용 휴학을 고민하는 것은 내가 아는 나, 내가 모르는 나에 대한 진지한 탐구의 부재로 생긴 결과입니다. 나에 대한 분석 없이는 나아갈 방향을 정하기 어려운 법입니다. 별 거 아닌 것 같지만 나는 내성적인지, 외향적인지, 무엇을 할 때 가장 즐거운지, 그런 질문을 자신에게 해본 적이 있나요. 분명 가슴이 뜨거웠던 순간이 있었을 거예요. 현실성이 떨어지거나 실현하기 힘들 것 같아 외면하고 있는 꿈은 없나요?

내면에서는 돈, 여유, 안정된 생활 같은 여러 가치가 싸우고 있습니다. 그래서 진정 원하는 것을 선택하기가 어렵습니다. 내가 가슴 뛰었던 일을 시작점으로 해서 내가 정말로 추구하는 가치가 무엇인지, 당장의 직접적인 보상 없이도 즐겁게 할 수 있는 일이 무엇인지를 하나하나 적어 나가다 보면 가야 할 길이 보이지 않을까요. 꿈의 마인드맵을 그려보는 겁니다. 꿈을 구체화해보는 겁니다. 목표와 꿈을 이루기 위해서는 당신만의 지도가 있어야 합니다.

〈옹기점〉 속 노인은 막막한 현실 속에서도 질긴 등나무지팡이를 둘러메며 잠시 잊고 있었던 삶의 목표를 환기합니다. 청산조차 끊어진, 외진 주변에서지만 그렇게 그는 기운을 차려봅니다. 그가 앞으로 갈 길은 멀지만 저는 그가 도중에 포기하지 않을 거란 생각이 듭니다. 더욱이 당신은 꿈이 좌절된 것도 아닐 뿐더러 이제 막 시작하는 단계일 뿐입니다. 막연히 꿈만 꾸는 게 아니라 정확하고 구체적으로 목표를 정할 때입니다. 당신만의 완벽한 지도가 있다면 헤매지 않고 목적지까지 도달할 것입니다. 그 길이 아무리 멀고 험할지라도 말입니다.